韩东

北京楚尘文化传媒有限公司 出品

韩东

幸福之道

目录

人在“江湖”

众生平等之企鹅

幸福之道

清风，清风

人在“江湖”

下面条的

我们楼下有一个面条摊，两张破桌子，几条烂板凳，生意却一直很红火。摊主夫妻二人，年纪三十左右，来自何处不详，反正不是南京当地人，也不是城里人。他们在小区的这块空地上下面条已经下了一年多了。开始的时候设施很简陋，破桌子烂板凳外加一只烧煤球的炉子。后来，摊子变得稍大了些，多了一张桌子，放油盐酱醋作料，炉子也增加了一只。刮风下雨时还用塑料布围起了一个棚子。

小区里有收破烂的，专门收这小区里的破烂，谁家更换家具或者搞装修他们便会上门，收购旧家电家具以及书刊杂志。收破烂的也是夫妻二人，三十左右，不是南京当地人。收购时他们表现得相当吝啬，那些旧家电家具基本上是白送。但他们对下面条的却很慷慨，后者增添的“设施”基本上是收破烂的白送的。于是便会出现这样的情形，你在楼下吃面条，坐的竟是家里从前的那张旧椅子，下面条的炉子也十分眼熟，那搭棚子的烂木头依稀是睡过的大床的床腿。可以推测，收破烂的和下面条的都来自同一个地方，原是老乡。也许我错了，但至少他们也是同一个阶级，因此互相帮助是十分正常的。

收破烂的吝啬（对小区人民而言），而下面条的厚道诚实，这也许是行业不同造成的。下面条的夫妻二人一天忙到晚，买菜、买面、下面条、包馄饨、刷锅洗碗，有的面条下好了还得送上门。面条的口味不必说（否则也不会有那么多人来吃），价格也相当的便宜，一碗面条加一个鸡蛋才两块五。难怪寒冬腊月、深更半夜，楼下的面条摊子上始终坐得满满的。我们吃着热面条，口中呼出大口的白气，下面条的夫妇却整天站在寒风中，冻得通红的手指上沾着白面粉。苦两个钱真的不容易啊。小区里还有一些退休的老头老太，常去面条摊子前转悠，也不吃面条，只是拉个家常，缓解了下面条的孤单寂寞。

年关已近，这些天楼下的面条摊有了一些变化，女的提前回老家去了，男的留下来继续下面条。一个人自然是忙不过来。一天我去吃面条，摊主不在，帮他看摊的老太婆说他买面条去了，让我等会儿再来。半小时后我又来到面条摊上，摊主依然不在，说是给人家送面条去了。那老太婆帮我下了一碗面条，一面下一面唠叨着："真是可怜，一个人的又要买面又要送面，说可怜也真是可怜！"当时棚子外面下起了小雪，天色昏暗、寒风刺骨，我不免有些感动。我不知道那下面条的是否真的可怜，但一个可怜别人的人却十分的难得，尤其可怜的是一个下面条的外乡人。顺便说一句，老太婆下的面条远没有摊主下的好吃，差远了。

周庄·九寨沟

我很少出门旅游，因为觉得意思不大。这次春节和几个朋友去了一趟周庄，当时想的是在河边喝喝茶、聊聊天，知道会游人如织，挤得不可开交，但我们不“游”，坐在那里看看也就行了。看别人游也是一种游法。然而下起了小雨，河边自然是坐不成了。我们被迫在周庄的曲里拐弯里挤来挤去，每人还撑着一把伞。烟雨迷蒙、雨伞盛开，遮挡了我们的视线，除了人们的脊梁和灰暗的砖墙几乎没看见其他。好歹到了晚上，我们总算在发黑的水边“回廊”上坐了下来，吃了一顿价格奇贵味道极差的晚饭。大约九点多钟，周庄各处就关门打烊了。回旅社睡觉为时尚早，于是我们便步出周庄的大门，去了外面的新城区，想找个地方唱歌。大约是因为过年，回家的人还没有到岗，并无地方唱歌。好在我们发现了一个打桌球玩游戏机的地方，进去消磨了一个晚上，过了一把夜生活。

我不免感慨，现在真的不好玩了。这不好玩不仅因为客观条件的变化，更重要的还是我们没有了热情。我们已不再年轻了。记得二十年前我去九寨沟，途中的艰难惊险自不必说，进沟的那天晚上听着四处的流水哗哗，闻着那股奇异清香，是多么的兴奋啊。我们投宿一户藏民家里，和主人聊得没完没了，就像见到了亲人一般。他们唱藏族歌曲给我们听，我们则回报以汉语歌唱。大半夜的，突然心血来潮，那藏族小伙子领我们去外面的海子里抓鱼。我们挽着裤子下去，雪水寒冷刺骨，可我们的身体是热的，心更是热得不能自已。你说啊，那时候也没有卡拉OK，没有桌球游戏机，没有夜生活，甚至都没有电灯，我们怎么就不觉得无聊呢？还是那句话，人最好玩。当人变得索然无味时，再好的山水风景都显得无趣。据说现在的九寨沟已经大不一样了，风景依旧，但人心已变。游客们谈论着自己的权益，要求花样翻新的“旅游项目”。村民们自然也适者生存，变得精明和霸道了。据说有一个烤全羊的项目，一个当地人提着一只羊子，另一只手持刀，问你要不要烤全羊。只要你稍一犹豫，他一刀子就下去了，羊子血流如注，此时不烤也不行了。烤全羊的价格是一千人民币，羊子自然是尽量的小。完了生篝火，村民也献歌，吃着那只兔子般大小的烤全羊，你该是什么滋味呵。

都说各处美丽的景点由于游客的大量进入，遭到了不同程度的污染。我觉得污染最严重的还是人心。凡游客大量涌入的地方，人心的变化只是一个时间问题。于是我们便四处搜寻那些未被发现或者尚没有成为热点的风景乐园，以享受天人合一民风淳朴的境界。问题在于，我们是否还有真正的热情、赤子之心去享受这些？享受的后果又将是什么呢？还是让我们止步吧，以免破坏天地间本来的宁静，也使自己的内心免于贪婪和不安。

老鼠的故事

如果几个人坐在一起，又实在觉得无聊，我建议可以聊一聊老鼠的故事。因为老鼠无处不在，几乎所有的人都有和老鼠打交道的经验，大家的经历也不尽相同，各有其惊悚和特别的地方。聊聊老鼠不失为一个活跃气氛打破僵局的好办法。昨天晚上我们就是这样干的。我先说了第一个关于老鼠的故事。

上大学的时候我有一只很大的柳条做的箱子，专门用来装冬天盖的棉被。棉被是我妈特地称新棉花做的，足有八斤多重。冬天的时候盖在身上，冬天一过就被锁入那只柳条箱子里了。第二年冬天我开箱子拿棉被，你知道发现了什么？一个大洞！在那个大洞里趴着一窝粉红色的小耗子。整个宿舍于是沸腾了。至今我仍然很纳闷，那只箱子始终锁着，也没有破洞，老鼠是怎么进去的？它不仅进去了，而且还在那里舒舒服服地繁衍后代。这老鼠也太会选地方了，将一窝小耗子生在一只密封的箱子里，生在柔软暖和的棉花中。那条破了一个大洞的被子最后也没有被扔掉，晾晒以后又继续伴我度过了三个冬天。

第二个讲故事的人是个画家，他说那时候他们的画室里老鼠特别多，他很担心自己画的东西会被啃掉。放假回家以前他弄来了几块粘鼠胶，放在画室的地板上，这才放心锁上门走了。假期结束，他回学校，打开画室的门差一点没吓昏过去。粘鼠胶上粘满了老鼠，有的还是一家子，两只大老鼠带着几只小老鼠，都被粘在了粘鼠胶上。这老鼠被粘在粘鼠胶上并没有死，只是不能跑动，但他们很饿，于是便互相吞食。先是大老鼠吃掉了小老鼠（它的子女），然后是公老鼠吃掉了它的老婆（母老鼠）。被吃掉的老鼠有的只剩下了一张皮，歪在那里。吃了自然还要拉，于是那粘鼠胶上布满了老鼠屎。老鼠的尸臭和大小便的气味也令人窒息，难怪这个未来的画家要昏过去了。这幅景象自然令人毛骨悚然，然而画家也因此受益。他不仅用画笔将此详尽和入木三分地记录了下来，这次遭遇也决定了他今后绘画的风格倾向。后来他专门画老鼠、蟑螂、腐尸、烂肉、排泄物……总之是一些令人作呕反胃的事物和场面，卖画的成绩居然不错。

第三个故事是一个女孩讲的，比较的可爱。她说那时候在学校宿舍里，女生总是弄一个蚊帐，把自己的床铺四周给包住。一天她撩开蚊帐铺被子，一只老鼠窜了出来，于是她便大叫。一面叫一面想起女人的尖叫会吓死老鼠的说法，于是分贝增大，越叫越响也越叫越尖，用尽全身的力气拼命地叫。结果呢？老鼠并没有被吓死（逃之夭夭了），倒是把同宿舍的人给吓坏了。女孩郑重其事地对我们说："女人的尖叫会吓死老鼠的说法是胡说八道！"

算是碰见了好人

夜里停电了，第二天中午起来发现只有我们一家没有电，也就是说我买的电用完了。于是我带了电钥匙，下楼吃饭，饭后打了一辆车去城南供电局买电。我坐在副驾的座位上，途中听见有手机在响，司机提醒我说："你的手机。"我说："不是我的手机，我的手机不是这样的铃声。"显然，也不是司机的手机。他将车停在马路边上，开门下去，去后座查看。后座上什么都没有，但手机一直在响。原来那手机掉在了靠背和坐垫之间的缝隙中，司机好不容易地把它掏出来，并接通了。失主是一乘客，他上午打的车，现在人在青岛路。司机答应等会就把他的手机送过去。听着司机在和那人通话，我心里想，掉手机的算是碰见好人了。

然后我到了供电局，掏出电钥匙买电。我买一千度电，共五百二十元钱。电钥匙和五百二十块钱都递过去以后，柜台后面的那人说："你的电钥匙里好像还有电。"他把电钥匙和五百二十块钱又退给了我。我拿着电钥匙去测验电量，果然有电，并且是一千度。于是我就想，可能是我上次买的电没有输进电表里，我每次买电都是一买就买一千度，这样的事是完全可能的。虽然白跑了一趟，但我还是挺高兴，因为没有支出那五百二十块钱，感觉上是赚了。回到家，和女朋友谈起买电的事，我说我算是碰见好人了。试想，我五百二十块钱已经交了，电钥匙里也有一千度电，那人如果良心稍微坏一点，把五百二十块钱留下我也不知道啊。我还说起途中的那位司机，也是一个好人。又说，如果那手机不是掉在座位的缝隙中而是直接落在座位上，被后来上车的人捡到那就完了。

天快黑的时候，突然有人敲门。我跑去把门打开，见是两个陌生人，提着摩托车头盔。其中的一人说："我是城南供电局的，下午你来买电，我在柜台上……"不用多说，我就明白是怎么回事了。那人继续解释，当时他是误操作，多敲了一下键盘，我要的电数已经输进计算机里去了。又说他是楼上办公室的，对卖电业务不熟悉，今天因为一个营业员家里死了人，没来上班，他下楼来帮忙。于是，我就将五百二十块钱又给了他，他给了我一张发票。临走时此人连声道谢，说，今天算是碰见好人了。以前他们也碰到过类似的事，虽然有证据，但对方就是不认账。

供电局的人走了以后，我就在想这件事，在想我今天碰见的两个好人以及他碰见的一个好人——也就是我。我们为何会感叹"算是碰见了好人"了呢？实际上我们所做的都是最正常不过的，是最起码的。可见，这个社会的整体风气是多么的差劲。朱文曾说，中国肯定不是世界上最穷的国家，但肯定是最穷疯了的国家。我也有类似的感慨，中国人赚钱不算赚钱，只有赚了黑钱才算赚钱。利己而不损人就等于没有利己。看看各行各业，那些卖毒奶粉的，卖地沟油的，看看卖房子的那副狡诈的嘴脸，当然还有搞艺术的那种穷凶极恶……不知道为什么，通过今天的这些所谓的"好人好事"，我体会到的却是一种悲哀。

对门的夫妻

大约二十几年前，我们家的对门住着一对夫妻，男的比较文弱，戴一副眼镜，女的长什么样已经记不太清楚了。只记得他们经常吵架，有时候吵得挺激烈。那时候天下太平，防盗门还没有流行于世，所有的人家都是一扇木门。一次对面的夫妻吵架，男的飞起一脚竟然把自己家的大门踢出了一个大洞。那大洞后来也没有补上，那对夫妻只是在门背后挂了一本挂历，用以遮丑。他们吵得如此厉害，大概是因为年轻，因为刚结婚不久，彼此还没有适应。后来他们就不怎么吵了，又过了几年，这对夫妻离了婚，这也很正常。男的单过，自然无心思装修房子，无心思修补门上的大洞，直到那男的再婚。这一次的女主人是北方人，长得高高大大，说来奇怪，她的性格却很温和，至少不像前面的那位经常和丈夫吵闹了。房子也装修一新，并且装上了防盗门。对面的那户人家除了门牌号码和男主人没变，其他的一切都变了。然后是生孩子，男的南下深圳闯荡，女的带着小孩平安地度日，楼道里整日静悄悄的。又过了几年，男的回了南京，大约是发了财。一天我在楼下的小巷里看见他开着一辆小面包车，正慢慢地行驶。那小巷的两边有很多卖菜的，比较拥挤，面包车的体积又大，再加上刚学会驾驶，因此他开得小心翼翼，不时地从车窗里伸出头来向后面张望。虽然只是个小面包，但我的邻居肯定是南京城里最早拥有私家车的人之一。再后来孩子长大了，对面的这户人家更有钱了，于是房子再次经过装修，我妈曾经有幸被邀进去看过，据她老人家说，对面装修得就像宫殿一样。房子装好不久，一天男主人在家里睡觉，半夜里大叫一声就一命呜呼了，结论是心肌梗阻，大约是长年来奔波受累积劳成疾所致。这就不去说它了。

经过一段时间的痛苦消沉（时间不长），女主人又开始装修房子，把刚刚铺上去的地板撬掉，才粉刷的墙皮铲去，又是砸墙又是打洞，总而言之一切都重新再来一遍。历次装修中数这一次的动静最大，持续的时间最长，总算消停了，在一个大吉大利的日子里女主人又再婚了。如今前夫留下的孩子已经上大学了，住在学校宿舍里，从来不回家。我家对门住着这对新婚的夫妻，两人出双入对，挎着胳膊，亲热得很。想起二十年前的那对夫妻，有时我不免纳闷，眼前的这对夫妻完全不是以前的那对夫妻，男的不是前面的那个男的，女的也不是前面的那个女的，但他们的确又是一对夫妻，住在我家对面。房子从来也没有过过户，却换了主人，这一切是怎么发生的呢？

人在“江湖”

有些你不愿意的事，但不得不去做，因为情势所迫，所谓“人在江湖，身不由己”，这是我们非常日常的经验，完全不值得大惊小怪。比如在酒桌上，有时你不愿意喝但不得不喝，不喝的话就是不给人家面子，就是扫了大家的兴，面对上级、同事、哥们、熟人面子是异常重要的，不扫兴是异常重要的，而他们（那些让你喝酒的人）的面子和兴致似乎就是把你灌醉，就是你不胜酒力但还是能够让你喝。因此我不喜欢酒桌，因为此种场合下重要的是别人的面子，是集体的气氛或兴致，而个人的意愿却从来得不到尊重。这是讲喝酒，在工作和“事业”上那就更是如此了。比如我是写东西的，但一贯警惕作家协会之类的组织，除了立场上的原因，不愿意卷入其中而身不由己也是一个重要因素。有人说，专业作家好啊，有工资拿又不用上班，此外还有各种的福利和特权，有各种的方便和机会，比如房子，比如出版，比如职称评定，这些好处我原则上也是不反对的，但如果你进入了该系统，能不开会吗？开会能不发言吗？发言能不说一些冠冕堂皇的屁话吗？俗话说，吃人家的嘴短，你吃人家的用人家的能不按人家的意思去说去做吗？又有人说不就是说两句话吗？但能换回一大堆的好处。没错，便宜是肯定了的，但违背个人意愿也是必定的。所以说，不仅酒桌是江湖，作协也是江湖。脆弱的个人意愿的确处处遭遇威胁，因此这么多年来我不爱酒桌，和作家协会保持着距离，并从单位里辞了职。作为一个写东西的人我不喜欢参加笔会、诗会，不喜欢出席任何公共场合。有人说我“上不得台面”，的确如此，但这台面在我看来就是江湖。如果你不想身不由己，那还是远离江湖吧。真的，我觉得自己已逃无可逃了。

五一节，我和女朋友随一个旅游团去外地旅游，车行途中，导游说：“我们玩一个游戏吧。”他让车上的人每人说一个带“一”的成语，并记在心里，于是每个人便说了一个带“一”的成语。我的女朋友因为在睡觉，所以没有参加。大家说完后，导游宣布按照刚才的顺序，每个人都要走到前面来，然后说：我叫某某或者某某某，我新婚之夜如何如何，也就是填上自己刚才所说的成语。车上男女老少都有，既有十来岁的小姑娘，也有六七十岁的老太婆，但由于情势所迫，无一例外都走到前面拿着话筒说起自己的“新婚之夜”来。现场热闹无比，但也的确惨不忍睹，一个老太婆说自己的新婚之夜“一日千里”，一个小伙子说自己的新婚之夜“一窍不通”，另外还有说自己的新婚之夜“一塌糊涂”的，也有说“一江春水向东流”的……其中有一家四口，小夫妻带男方的父母出来旅游，于是公公婆婆当着儿子媳妇的面说起他们的新婚之夜，媳妇儿当着公婆的面也照说不误。显然不是每个人都是自愿的（怎么可能呢？），但“人在江湖，身不由己”啊，否则就是扫了大家的兴。终于轮到了我，我对导游说：“我就不参加了。”本以为他还要劝说两句，但见我眉头紧蹙、一脸肃杀他也就算了。看来“不合作”三个字已经深深地刻进我的皱纹和表情里了，通常人一般近身不得。

露天电影

我八岁随父母下放苏北农村，这之前看电影自然是在电影院里看的。我大约看了不到十部电影就到了乡下，这之后就开始看露天电影。看了约五年，我们家到了洪泽县城，就又开始进电影院看电影了。1978年我考入山东大学，来到济南，虽说是个大城市，但学校放电影是在操场上，我又开始看露天电影。再后来虽然没有离开过城市，但看电影已经不那么时兴了。直到今天，我像所有喜欢看电影的人一样，习惯买一张碟，放入DVD机器中，然后手拿遥控器，仰靠在床头或者沙发上。进电影院看电影的事也有，但不常发生。总而言之，到目前为止我看露天电影远比在电影院看电影的次数要多。

在乡下看电影是县电影院的放映队来放的，他们带着放映机、发电的小马达和装胶片的大圆盒子来到生产队里，往往是在晒场上，支起一块幕布。这样的电影不用买票，也没有座椅，幕布前面放了大大小小的凳子，都是看电影的人自己带来的。有的“座位”只是一块土坯，或者一把稻草（占位子用的）。更多的人则站着。孩子们尽量往高处爬，因此电影开始时晒场上的草堆和周围的树上全是人。那时候乡下没电，放电影的电是放映队带来的一台小发电机发的，它始终突突突的叫唤着，但由于现场嘈杂、电影上的枪炮声不止，所以并不显得突出，构不成干扰。中间要换胶片，届时放映机上的灯泡亮起，光芒四射，所有的人都盯着那贼亮的灯泡，真的比电影本身更让人感到惊奇和新鲜。电影则是老电影，轮流在各生产队、大队放映，人们跟着放映队转悠十天半个月，那电影情节自然已经熟得不能再熟了。

后来到了洪泽县城，去电影院里看了几场电影，可“好景”不长，改革开放了，很多文革前的电影解禁，小小的县城电影院根本满足不了大家看电影的需要，于是电影院外面的大院里开始放露天电影。和乡下不同，这是要买票的。即便如此电影票仍很紧缺，像粮票、布票一样是稀罕的东西。一天我搞到了一张《红色娘子军》的电影票，邀了好朋友三三一起看电影。我的办法是照着那张真票画了一张假票，然后我拿着真票三三拿着假票就出发了。我顺利地经过了检票，轮到三三被拦了下来，几个人反剪着他的胳膊并摘掉了他的团徽，把三三拉到旁边的办公室去了。我当时一声未吭，溜进大院里心里七上八下地看了一场电影。第二天我碰见三三时认为他会责怪我,但对方却像什么事情都没有发生过一样。由于我的“背叛”却显出了三三的“忠诚”，他成了我交往至今的最老朋友。这事也是始料不及的。

现在看电影自然条件好了许多，受干扰的因素减少了，但我总觉得不太过瘾。现在的电影就只剩下电影了，只有银幕上的故事，而银幕下的故事却几乎绝迹。我喜欢露天电影的原因可能就在于它的不纯粹，在于它的干扰、变故多多。能像看戏一样地看电影真是一种幸福啊，可惜的是现在的人不怎么爱看戏，更不愿意像看戏那样地看电影了。

闹地震

1976年唐山大地震，死了无数的人，损失可谓空前绝后，尤其是它引起的心理恐慌，及于全国。那时候不管是不是位于地震带上、距离唐山多远多近，只要是讲中国话的地方都在“闹地震”。我所在的小小县城里亦是如此，几乎每天都有关于地震的传闻、警报、小道消息以及民间故事。据说一个住宾馆的知青夜里做梦，地震了，于是大呼救命，不幸的是让隔壁房间的客人听见了，整个宾馆都闹腾起来，人们纷纷从睡梦中惊醒逃生。有一个家伙慌不择路，从三楼破窗而出，结果摔断了一条腿。幸亏小县城的宾馆只有三层楼，要是放在今天从高楼大厦跳出去，那还不死定了？又有传说说在某澡堂子里，有人开玩笑，说是地震了，于是乎洗澡的人一个个光着腚，有的只裹了一条浴巾就奔到外面的马路上来了。这些民间传说和故事里常含有道德训诫的成分，比如有人喊地震，丈夫撇下妻儿独自逃生，或者妻儿撇下重病在床的丈夫跑了出去。这样的丈夫妻儿自然要遭到大家的谴责，关键时刻看人嘛，要是真的地震了那可怎么办呢？“地震”那会儿可是一个极度敏感的词，不可随便说出，更不可在半夜三更或人们聚集的地方喊叫出来。倘若如此，扰乱治安是肯定了，弄不好的话还会闹出人命来。那可是一件犯法的事，会遭到逮捕以至判刑，至少也会被道德舆论所谴责。这有点儿像今天在机场坐飞机，“劫机”或“携带炸弹”之类的玩笑是不能乱开的。

我所在的县城中学里亦成立了地震预报小组，算是课外科学实验活动，由物理老师牵头，但不见有任何物理方面的“活动”。也就是弄一间办公室，沿墙一溜放了无数大大小小的瓶子、罐子。那些瓶罐一律倒扣着，小头朝下，有的瓶子上面还立着瓶子，也是小头朝下，看上去真的很悬乎。瓶子下面则是搪瓷脸盆，如若瓶子倒下便会发出一些响声。这样的装置便可预报地震了。还有一些较大的罐子和水缸，没有反扣，里面养了乌龟王八或者鱼。还有几只笼子里养了兔子、刺猬，挂在房梁上的笼子里则是麻雀和一些不知名的小鸟。据说动物可预报地震，大震到来的前夕它们必定很反常。学校里的地震预报小组有点儿像如今的宠物中心，又有点儿像是卖油盐酱醋的小铺子。

每个单位都搭建了防震棚，一般为毛竹构架，芦席扎墙，油毛毡的顶，总之是一些轻材料，就是倒塌下来也压不死人的。人们白天在家里活动，夜晚在防震棚里睡觉。当然不及家里面宽敞，但有一个好处，就是一家人甚至几家人都睡在一起，呼噜相闻，热闹非常。孩子们自然是十分欢迎的。一来改变了环境和生活的惯性，二来，和父母家人以至邻居家孩子的隔膜一下子就没有了。防震棚的日子类似群居，大有返璞归真的味道。

一天据说真的要地震了，一家人全都钻进防震棚里过夜。但总得有人看家呀，于是乎搬来两张大方桌，紧挨着放在堂屋里，上面铺了四五床棉被，桌肚下面则打了一个地铺。桌子一侧靠墙，对外的一侧则用一只柳条编的大匾挡住。桌肚下面看上去犹如一个地洞，十分地令人向往。我想要睡在那里看家，结果还是让父亲大人赶出来了，赶进了防震棚里。那天夜里并无任何地震发生，第二天一早一家人去“地洞”前面迎接父亲。他慢悠悠地钻了出来，眯虚着眼睛，似乎还没有适应日光。不知道怎么的，我蓦然想起了“山顶洞”人的说法。

转学

转学对孩子来说是一件严重的事，长大以后，他或许会忘记其他的事，但转学一定是记得住的。我七岁上小学，八岁即随父亲下放到苏北农村，学校自然也得跟着转。我从南京的东风小学转到了下面生产队里的小学，变化不能说不大。

新的学校除了设施简陋、师资短缺，让我感到恐惧的还有两件事。一是学校旁边农民家的恶狗。那家的主人是民兵营长，养了两条大狗，其中的一条狗毛色黑黄，狗眼的上方分别有两撮对称的黑毛，这样的狗被称为四眼狗，据说凶猛异常。每次从民兵营长家经过时，孩子们都喜欢逗弄那两条狗。那狗从民兵营长家种了两百棵树的园子里猛扑出来，就像是真正的猛兽窜出了原始森林，的确让人恐惧。另一件让我感到害怕的事就是人了，也就是我的同学。当年我八岁，上二年级，而班上的同学平均年龄在十岁以上，甚至也有十四五岁的半大小伙，由于年龄的差异体格一概比我强壮，再加上欺生的本性，我的日子的确是很不好过的。因此我对上学产生了畏难情绪。父亲就鼓励我，在我一边的衣服口袋里装上砂礓，让我对付那两条恶狗。他对我说："要勇敢！" 又在我另一边的衣服口袋里装上一分钱的糖块，对我说："要团结群众！"于是我就一边的衣服口袋里装着砂礓一边的衣服口袋里装着糖块走上了恐怖的上学之路。那些糖块自然是用来贿赂同学的。

需要贿赂的同学有两类。一类身高马大、秉性野蛮，喜欢欺负人，一类则是班干部或者家里是大队上的干部的同学。开始的时候我比较信任第二类人，以为将自己置于他们的保护下就可以高枕无忧了。事实证明我想错了。

我们的班长叫学巧，爸爸是大队的副大队长，后来我和他的关系特别好，经常带糖给他吃，还送了不少别的东西给他。还有一个同学叫乃日，无官无职，爸爸是普通社员。但这乃日生得粗黑壮实、眉目凶恶，非常喜欢欺负同学。平时由于学巧在侧，他倒也没有欺负过我。这一日老师因病告假，改了自习课，外面又下小雨，泥泞一片，不便出去玩。乃日被困在教室里，突然野性大发，在揍了几个弱小的同学后他抬头看见了我。于是过来，抓着我的胳膊反剪到身后。他正准备尽情地揍我一顿，看见学巧在旁边，于是瞪圆了眼睛对他说："你敢管，我连你一起打！"学巧长得细细长长，有点佝偻，自然不是乃日的对手。只听学巧说："打人不好玩，不如我们把他架到外面的雨地里去，放在一泡屎上怎么样？"论体力学巧自然不如乃日，论智力乃日就完全不是学巧的对手了。乃日不免疑惑起来，说："哪里来的屎？"学巧说："等到地方你就知道了。"于是两个人不顾我拼命地挣扎，一边一个把我架出了教室。外面小雨霏霏，打在脸颊上非常的清凉，前面田野上的景物灰蒙一片，边上的小河也雾气缭绕。我被他们架出去一百多米，来到一条干沟里。那干沟的底部已积了一点雨水，一泡大便浸泡在雨水里，非常新鲜。是课间时学巧刚拉的，还是被雨水滋润的一泡陈屎？我就不知道了。我就这么被他们郑重地放在了这泡屎上，哭声和乃日学巧的笑声混成一片。

事后学巧向我表功，说是如果不是他急中生智，我难免会给乃日毒打一顿。可要我选择，还真的不如被乃日揍呢，也免得遭此奇耻大辱。

戴老师

我小时候喜欢画画，父亲看在眼里，喜在心头，他一向鼓励我的这一爱好，心想，没准就能练成谋生的一技之长呢，他的儿子将来也不用当农民了。当时，练一技之长的人很多，在下放人员的子弟中，有捣鼓无线电的，有拆装自行车的，有练书法的，有学拉二胡的。画画的自然也不少。知识青年中亦然，练习各种谋生手段的大有人在，其中学画画的更是数不胜数。

父亲帮我找了一个老师，叫戴鸣，是知青。他在画画的知青中颇为有名，其名声甚至远播周围的四五个县，被公认为是画得最好的。好不好如何评判？看素描。那时素描是判断一个画画的优劣的唯一的标准，戴鸣的素描在知青中间无人可及，因此他便是画得最好的。这自然是民间的标准，官方却不认这一套。官方讲究的是创作，因而戴鸣调到县文化馆美术组后再没有画什么素描，而是搞创作。我记得他创作的一套水印木刻叫《水乡民兵》,还印成了明信片，自然没有署戴鸣的名，署的乃是“XX县美术创作组”。另外戴鸣等还得配合形势，画文化馆外面橱窗里的漫画，有水浒系列，有儒法斗争系列，有情节故事，有历史内涵，煞是生动好看。我那点可怜的文史知识还要追溯到戴鸣等人的橱窗漫画呢。

后来戴鸣被作为工农兵学员，推荐上大学去了，上的自然是美术学院。据说他的出身不好，能有如此机遇，当然是画画所致。他终于画出来了，画出头了，这对于苦练一技之长特别是画画的人来说不啻是一个鼓励。关于戴鸣在美术学院的情形大家语焉不详，只是听说他一直保持着素描的优势，为此不惜整个暑假都不回家，偷偷地翻进加了封条的仓库里，找出石膏来画。戴鸣画了好几个假期的石膏，素描大有长进，但仍然一无所用。如果有用的话，当年的美术学院也不会禁止学生画石膏了。

戴鸣大学毕业，又回到了原先的县城，在中学里当一名美术老师，我是该校的学生，正式拜他为师跟他学画。关于我的这位老师今天还能记住些什么呢？回想起来脑袋里竟是一片模糊，不是因为我天生健忘，而是太崇拜他了。在我心目中他简直就是一个神，仰之弥高，在他的面前我不免精神恍惚、虚汗直冒，甚至口不能言。现在想来戴鸣看我，一定觉得这孩子怎么这么木讷，畏畏缩缩的，没有出息。因此他教我画画也不怎么上心，只要对得起我父亲的托付也就行了。我把自己的画拿来，戴鸣点评两句，而我甚至连一个问题也没有提过。记得我的戴老师不知从何处找来几本文革前的《大众电影》，把它们夹在画架上，经常临摹那上面的剧照。于是我回到家里，也找了一本《大众电影》临摹上面的剧照。其实，我是很想画石膏的，戴鸣房间的床头就有一尊石膏像，卷发高鼻，鼓凸的眼白中没有眼珠，凹陷的地方落了很多灰尘。戴鸣没有让我画石膏，我自然也不敢随便要求。

那是1976年，伟人相继谢世，我们的生活中常有哀乐响起。一次戴鸣的一个画画的朋友远道而来，他杀鸡招待朋友。我在路上碰见从井台走回宿舍的戴老师，一只手抓着一只已死的母鸡，一只手持刀，那刀和鸡都还在滴血。我的戴老师一边走一边哼着哀乐，不像是在开玩笑。那一瞬间我突然觉得和戴老师心意相通，非常地可怜那只母鸡。

弱肉强食

有些问题是永远也想不通的，人们只是习惯了而已，比如杀生。我们都知道不可杀人，然而鸡鸭鱼牛羊猪等是可杀的，否则我们怎么吃肉呢？但是杀鸡杀鸭杀猪难道不是杀生吗？难道它们不也是生命么？它们不仅是生命，而且是很高级的生命，从遗传学的角度说，这些生命与人相差无几。某些道德说教之所以虚伪就在于它是以人为中心的，为人辩护的，它并非是生命的道德。人的道德只对人的集体利益负责，对人之外的生命则一无所用。有人企图将这样的道德扩张至全宇宙，名曰真理，实在是一件很滑稽的事。在动物们看来，人只能是一个很残暴的族类，所有的光荣与梦想都是自私自利的，与众生平等毫无关系。

人凭什么屠杀和残害其他的生命呢？不过是人比它们更加聪明。聪明就是力量，人比其他的一切生物都更加地具有力量。这力量首先就体现在他可以杀戮对方而不被杀。弱肉强食并非只是人之外的动物世界里的一项法则，它更是人坚持贯彻至自身世界之外的一项法则。人之外的动物弱肉强食，包括人在内的动物也弱肉强食，人在自身的内部也同样是弱肉强食的。如果说到宇宙生命有什么真理可言，弱肉强食多半是一个。不可杀人是局限于人内部的一项真理，但这真理建立在弱肉强食的更广大的宇宙真理之上，难怪它会常常动摇，显得极不牢靠了。

人的力量的确是巨大的，因而他敢于和所有的他之外的动物为敌，并有着绝对的优势可言。并且他对其他动物的杀戮和祸害已远远地超过了生存之所需，关系到了他的光荣与梦想，关系到了他的精神层面，因而更加地肆无忌惮。动物们彼此也杀戮也嗜血，但那是以物质生存为界限的，最多它们也只是知道储备一些过冬的食物，杀得稍多一些。人则不然。人有打猎的乐趣，有炫耀毛皮的虚荣，有开垦荒山野地变良田建工厂的雄心。在赶尽杀绝方面人的特别之处就是永不餍足，真的，没有任何一种动物会像人这样。然而，说句公道话，这不能怨人，因为弱肉强食乃是控制所有生物的一项宇宙的法则，谁让人这么聪明呢？这么的具有力量呢？如果换了狗或鸡，如果它们也像人一样的聪明有力量，整个事情也会是一样的。只是人自我标榜的道德优越乃是一件扯淡的事。

我有时会想，如果有外星人、外星智慧，而这智慧又远远地高于人。如果外星人和地球人的聪明程度的差别就像人和猪的差别，外星人会怎样对待地球人呢？他们会尊重我们吗？会和我们讲平等吗？会不杀我们也不侵略地球吗？如果这样的接触有一天会发生，事情到底会是什么样的呢？如果我对外星人抱有希望抱有信心（不杀我们还不霸占我们的家园），这希望和信心又来自何处呢？因为他们更有智慧吗？可我们的智慧不是也远远地高于其他的动物吗？结果怎么样呢？难道我们尊重它们了吗？和它们讲平等了吗？我们可杀但不杀它们了吗？我们可霸占但没有霸占它们的栖息地了吗？回答是否定的。因此我对外星智慧的信仰也就一落千丈了。

讨厌争吵

我讨厌争吵，尤其是亲人之间、情人之间、夫妻之间的争吵。比如隔壁小两口吵架，男的暴跳如雷，女的尖声惊叫，恶毒的咒骂、伤心的哭泣，这一切都让我觉得无比的虚无和悲哀。干吗呢？不能好好地过日子吗？如果当真是你死我活，又何必拴在一起呢？然而他们又非得拴在一起不可，这便是佛教所说的八苦之一的“怨憎会”，所谓不是冤家不聚头。两个人如此的怨恨和讨厌对方，却又不得不聚在一起，欲罢不能也罢、互相利用也罢，总而言之是打不散拆不开的。这样的感情可谓深入，深入到了没有节制的程度，反正打不散拆不开，那就打吧拆吧。这里面也许有爱、有依恋，但我觉得更多的却是淫乱，这个淫字不仅指性关系，而是指包括性关系在内的没有节制。没有节制便是淫，情感上的没有节制就是淫乱，而淫乱绝非真正滋养和支持人的爱。古人用“相敬如宾”、“举案齐眉”形容理想的夫妻关系，今人难免觉得那太客气了，太冷漠了。殊不知这正是强调节制，以免堕入破坏性的淫乱的关系。

我午轻的时候在感情上是很“淫乱”的，虽然很专一，但却淫乱，“爱，直到受伤。”争吵在那时是家常便饭，破口大骂、恶语伤人不用说了，我还砸过饭碗，砸过板凳，有一次还动手打了人。对方自然也不示弱，我想动静应该是很大的。现在我知道了，吵架不仅是对双方关系的一种可怕的伤害，同时也是对周边邻居的一种社会性的污染。吵得他们夜不能寐不得安宁倒在其次，主要的还是动摇了他们的人生信心。当事人多少会觉得争吵有点意义，旁观或旁听者则只能体会到悲哀和虚无。就像我现在这样，每当听到人家吵架强烈的厌倦之感便会袭上心头。如果是一户穷人吵架，无论是夫妻或是婆媳或是父子或是姐妹，我就会想：都这么穷了，还吵什么吵啊。如果是一户富人，我就会想：这么有钱还吵什么吵，真是吃饱了撑的！

以前我读狗子的一篇小说《飞了》，其中写到一个人和他的女朋友吵架，实际上是女朋友和他吵，而他是极不喜欢吵架的。每当女朋友生气发作，这人便掉头就走。有一次走得很快，甚至鞋都没有穿上，就这么光着脚逃到了街上，并且也没有回去拿鞋。这个情节给我的印象很深，一走了之真是快哉！我猜想这一样情节并非虚构，乃是狗子的亲身经历。他就是这么一个极为随和谦卑的人，你很难想象狗子能和什么人吵起来。当然啦，狗子年逾四十，至今没有结婚，也没有固定的女朋友。但他至少避免了那种恶劣而令人生厌的争吵，避免了以这种争吵维系起来的两性淫乱的关系。我在想：面对两性、男女或夫妻关系，要么如古人那样的相敬如宾，要么就像狗子那样一走了之，除此之外别无出路。

吐痰的陋习

随地吐痰曾是中国人的一个陋习，想当年，八亿人民谁没有干过这件事呢？也许我有点夸张了，那就不说随地吐痰，就说吐痰吧，包括随地和不随地的，八亿人民谁又没有吐过呢？自然生病不得不吐的不算，在身体健康的情况下或者生的不是需要吐痰的病，作为一种几乎是无意识的习惯谁又没有呢？

吐痰分随地和不随地两种。现在想来，随地吐痰的人群分布和骂娘说脏话几乎是一致的。一般而言，下层人民、男性、年龄在七岁到七十岁之间的最容易犯这毛病（当然那时候并非是毛病）。非下层的人民也吐，但就不那么的随时随地了。那时候我们看纪录片，政府领导人会见外宾，硕大洁白而耀眼的痰盂摆放在会见厅里，位置很突出也很显要。可见政府领导人是吐痰但不随地吐痰的。说到痰盂，那时候城市人民谁家没有呢？城市人民的痰盂普及就像乡村人民的马桶普及，它是必备的生活用品，同时也是值得炫耀的奢侈品。在婚礼上或者新房里我们常能看见那崭新而没有用过的痰盂，多半是新娘的嫁妆或者亲友所赠的结婚礼物。在政府各部门，在各公共场所，比如商场、电影院、火车站的候车室一概都摆放着痰盂，都有它应有的位置。这些场合一般都竖有牌子或贴着公告,上写"不得随地乱扔果皮、瓜子壳，不得随地吐痰……"随地吐痰是一项，即使在那时也是受限制的不文明的表现之一。但有了痰怎么办呢？讲究文明的人一般都带有一方手帕，想吐痰时便掏出来，将痰吐在手帕中央，再折上，然后重新放入衣服口袋里。不带手帕但又想讲文明的人怎么办呢？有痰时只有咕咚一声咽进肚子里去了。那么，不带手帕又不讲文明的人呢？那就随地吐吧,反正也不会罚你的款。

自然，还是随地吐痰的人居多。记得小时候上课，老师在上面一边讲一边吐,我们在下面一边听也一边吐。当真是上行下效,不亦乐乎。我们上学须经过一道河堤。那河堤临高，我们从下面的马路往上走时，当视线与堤面齐平，但见闪闪烁烁的一片，直晃眼睛。那是我们上学路上所吐的痰，在霞光的照耀下反射着光芒。还有很多人，随地吐痰还要穷讲究，吐完之后习惯性地用鞋底踩踏一番、抹抹匀，就像猫盖屎一样。尤其是在那些不得随地吐痰的场合，在大理石上、在地板上，经他这么一擦一抹，那痰迹的污染就更加的触目惊心了。

改革开放以后，我们是从西方人的眼睛里看见了随地吐痰的怪异。在我们完全是习以为常的事，在老外看来简直是一种陋习。于是乎，消灭随地吐痰成了一项全国范围的人民运动，制裁手段是罚款。那时候经常能看见站在街头戴着袖标的人，专抓随地吐痰。我们感到不适应，感到难受，心想，这怎么可能轻易矫正得过来呢？然而担心是多余的。很多年过去了，如今你在中国大地上行走，几乎再也看不到随地吐痰的人和现象了，甚至吐痰的合法器具——痰盂也几近绝迹。甚至，我们口中的痰也没有了。想起当年的那壮观而疯狂的全国狂吐，你不得不认为那既非生理需要也非一种陋习，而是一种集体神经症。

哭泣这回事

我在想这辈子流过的眼泪，小时候的事不算，长大以后那种抑制不住的痛哭真的很少，有时候自己觉得想哭，于是就哭了，这种哭其实很清醒，也很享受，有点儿类似于借酒撒疯。近几年来这种哭也已经很少了，不是不想哭，而是哭不出来了。那种自然的流泪一般是在半睡半醒之间，在梦里梦见了一些人和事，觉得十分伤感。那一时刻（梦醒之间）人是非常脆弱的，理性的抑制机能尚未醒来，审视尚未构成，流泪或哭泣非常单纯，并且不为人知，哭起来不免就很轻松自在了。

一般而言我怀疑那种号啕大哭，用尽了全身的力气，极具动感和效果，正因为如此让我十分生疑。号啕大哭很原始，类似于婴儿的哭泣。婴儿的哭泣，这件事可不简单，伤心的成分其实很少，哭泣在婴儿是一种武器，或者是一种手段，并且几乎是唯一的手段。人类的婴儿和动物的幼崽不同，他更加无助。你看那母牛生下小牛，后者歪歪倒倒地站起来，立马就能跟上母亲。小鸡啄破蛋壳来到世上，毛茸茸的黄灿灿的显得那么的娇弱，但它能看能听能叫能走，能自己找东西吃。人类的婴儿从严格的意义上说只是胎儿，无任何独立生存的能力可言，他闭着眼睛，既不能走也不能说，只知道啼哭。啼哭的意思不是“我难过”，而是“我需要”，通过啼哭婴儿引起关注，把母亲和食物（二者是一件事）召唤到身边。啼哭，对婴儿来说有着根本的生存意义。婴儿啼哭的身心投入以及哭声的嘹亮也是十分惊人的，据说他啼哭时的分贝之高远远超过了电钻工作的轰鸣之声。在动物界人类是唯一能够哭泣的物种，这并不能证明人类的感情丰富或是崇高，能证明的不过是某种特殊的生存策略而已。人类的哭泣之谜也许只和人类婴儿的特别无助有关。

伴随婴儿的长大成人，哭泣被赋予了更多的内容，但无论其情感的内涵如何以及具体方式如何的千差万别，有两件事是一定了的。一，哭泣是为了吸引注意，并且是以“示弱”的方式吸引注意。二，哭泣从原则上说是自我中心的，换句话说人人都在为自己哭泣，为自己的委屈、不幸，为自己的失败以及所付出的代价而哭。有人会反驳我说，一个人躲起来悄悄地默默地流泪大有人在，怎么能说是为了引起注意呢？那么我们不说哭泣的人，而说听见有人哭泣的人，他的第一反应难道不是哭泣者遭遇了什么严重的事，需要帮助和安慰吗？哭声本能地吸引关注、赢得帮助和安慰还有什么可怀疑的呢？那个独自哭泣的人，当他听见自己的哭声，对自己的关注不是减低了而是增加了。有一句广告词叫做“自己宝贝自己”，电视画面中的女人幻化成两个自己，一个在“宝贝”另一个，这则电视广告可作为独自哭泣悄然落泪情境的一个说明。

引发哭泣的事件可能与己无关，但有必要进入角色和情境，把自己想象成那个需要哭泣的人或者悲伤故事的一部分，哭泣才有可能。这就叫做“感同身受”或者“将心比心”，就是同情的原本含义。无论如何，同情是崇高的，或者说指示了崇高的正确方向，也就是他人。为别人而哭，不为自己，甚至也不把自己想象成别人，或者把别人想象成自己，完全消除自我感动的残余，这是可能的吗？那些为牛为马为树木和天空而哭的圣人们心中到底想的是什么呢？我只知道一点，这是非人的。

饿、吃、吐

吃是一种本能，在我国更是一种悠久的文化，比如中国人见面打招呼，不问早上好、下午好或晚上好，无论早中晚都问："吃过啦？"其实文化这玩意儿不一定就体现为博大精深，在日常生活的无意识中往往表达得更为真切。自然这些年来吃的文化表现得已不再那么朴实，它和乍富起来的事实及其心理不免密切相关。记得十几年前一位朋友前去赴宴，吃了一餐一万元一桌的酒席。朋友情绪激动，连夜打电话给我，他说："我觉得那帮人简直是白痴！"又说："这帮白痴个个都应该枪毙！"那帮人自然都是富人。十几年过去了，我的这位朋友也成了富人，一万元一桌的饭早已见惯不惊了。一万元一桌的饭我至今没有吃过，但一千元一桌乃至几千元一桌的还是吃过的。一次我经过一家新开张的饭店，据说去这家饭店吃一次得一千元以上，这并没有什么了不起的，但门前竖立着一个灯箱广告牌，上写"可供4000人同时进餐"，我还是吃惊不小。试想，4000人至少也得四百桌，在一个店堂里，那人声鼎沸，那热火朝天，场面一定是异常宏大的。我不由地想起那些商业片的大导演，他们如此地热爱大场面，又如此地热爱民族文化，为何不去拍一拍这 4000 人的同时进餐呢？这可是民族文化的集中体现，规模宏大，且具有显然的现代感。在战争场景上、在数码动画方面我们没法和人家老外比，即使要比也是一件吃力不讨好的事，4000 人同时进餐那就不一样了。

所以有时我会想，中国人如此吃喝简直是“穷凶极恶”。这不是谩骂，也不是道德审判，我只是借用了这个成语的“穷”、“极”二字，旧词新用方能表达我对同胞们疯狂吃喝的观感。吃得如此惊天动地、气势磅礴应该是有些原因的，这原因也许就在“穷”字之内，在于贫穷出身。与其讨论中国人能吃到什么程度还不如讨论他们能饿到什么程度，饿是吃的必然动因，是其生理缘由，还有什么好说的呢？自古以来中国就有易子而食的传说，那也是饿极了，没有别的法子。就是在不久前，我出生的年月，也有过“三年自然灾害”。如今人到中年，讲究吃喝也有条件讲究的人中又有几个心灵深处没有饿的记忆呢？没错，这饿早已不在他们的肠胃里了，而转移到了心灵深处，永远地镌刻在那里，有如铭文。我看过一篇文章，说的是特殊时期一群特殊的人的饿，饿到了什么程度？偷吃麦种。可那不是一般的麦种，是搅拌了六六六的麦种。吃法是将这样的麦种放进口内，然后用唾液漱洗，再将洗过麦种含有农药的唾沫从牙缝里滗出。如是几番，那麦种咽进肚子里就不会毒死人了。在同一篇文章中我还读到，九个饥饿难耐的人有机会分食一麻袋土豆，最后吃得腰都弯不下来了，只好戗在墙边。回去时一人在马车后面被颠破了肠胃，给活活地撑死了。回忆者本人则上吐下泻、神志不清，后半夜突然醒来，看见一盏昏黄的油灯下那个照料他的人正在扒拉他的呕吐物，在里面找土豆块吃。

我虽然生于“三年自然灾害”的年月，但并没有挨过饿。那时我自然还没记事，据我妈说幸亏我父亲土改时和农民相处得很好，对他们有恩，一日一个农民挑了一担大白菜上门，全家人如获至宝。这担大白菜便是我妈坐月子时的营养品，不敢浪费，得慢慢受用。一天煮了半棵大白菜，另外半棵放在砧板上，只一眨眼的工夫就被邻居偷走了。妈妈乳汁中的那股大白菜的滋味如今我自然也无从记起了。

现在的孩子当然不一样了，他们的问题是吃得太多，营养过剩，常见肥胖症。八九岁的孩子长出胡子、喉结，女孩长乳房、来月经，是因为补得大发了。吃得多、吃得乱、吃得没有章法节制是问题的症结所在，总而言之是过剩造成的。及至青少年时代，减肥蔚然成风，瘦的美学流行完全是因为世界的整体性肥胖，物以稀为贵嘛，这也不难理解。几乎所有的减肥药都是泻药，把多余的营养排泄掉。进口是不可抵挡的、汹涌澎湃，那只有在出口上想办法、做文章了。我的女朋友告诉我一件事，说他们单位的一个女孩瘦得离奇，却食量惊人，我问是不是得了甲亢？回答说不是的。她的秘密我的女朋友也是最近才知道的，那女孩经常去吐，几乎每次吃完就去吐。她吐总是在同一间厕所的同一个马桶里，有时候她刚吐过我的女朋友去上厕所，用鼻子一闻，就知道她吐过了，并且还能知道她吐的是什么，也就是她吃的是什么。有时候是奶味，便知道她喝了酸奶，有时候则是麻辣加油气，大约吃的是火锅。我的女朋友将她的发现说给单位的另外一个女孩听，那女孩不以为然，说："这有什么？很正常。"后来我的女朋友发现，她也经常去吐。看来这吐的方法在爱美的女孩中还很普遍。自然也有每吃必吐的女孩并不是为了减肥保持身段的，比如娱乐场所的那些陪酒的小姐，她们大杯喝酒，一饮而尽，煞是豪爽。每过几分钟就借故去卫生间一趟，扒在马桶上抠嗓子，回来后再要无数的啤酒、红酒，再喝再吐，为的是多拿客人酒水消费的提成。但这仍然属于一个整体的消费过程，只不过她们充当了挥霍纵欲的必要出口。

吃的文化在当今我国有何表现？我以为并不在于“吃过啦？”的民俗式的问候习惯，更不在中国菜肴和烹调的历史悠久以及博大精深，而仅仅在于对吃以及如何吃的这种种的癫狂和变态。没错，疯狂便是我们时代吃的文化的最显著的特征。当然啦，在其他的事情上也一样，无须我在此多言。

谈“80后”写作

去年文坛的新气象莫过于“80后”的集体亮相。所谓的“80后”指的是上世纪八十年代以后出生的写作者，他们中最年长的到今年也已经有二十六岁了。职业评论家和媒体议论纷纷，无非是肯定了他们的才华，但……这个“但”字后面自然是不足和欠缺，有关的权威人士难免一副恨铁不成钢的焦急模样。但你说“80后”出生的和“70后”出生的就真的有那么不同么？非也。不同是有的，但绝不是写得好和坏的区别，而是权力。年轻人总是比老年人比较的没有权力（当然也不能太老，太老了自然也大权旁落）。和社会生活的其他领域一样，文坛自然也是中老年人掌权。既然说年龄，那我们就说说年龄吧。“80后”写作如果让“80后评论家”来评论我认为肯定会是另一番情形，会有另一种说法。然而，有机会发言评论“80后”的基本上都是“70后评论家”、“60后评论家”，甚至是“50后评论家”乃至“40后评论家”，你说他们对后生小辈能说些什么呢？恨铁不成钢自然是题中应有之意。

如果以年龄来划分写作群体，我以为唯一的问题就是权力。写作、出版、传播、批评、奖励，这些权力都是实实在在的，都是经年累月积攒起来的。除了权力，其他的都只是借口，都只是口实而已。如果以年龄划分写作，划分写作的人，权力乃是彼此都心知肚明而不被捅破的一个脓包。年轻人为什么那么冲？那么大言不惭？因为深感自己没有权力而要鼓足勇气。中老年人为什么那么冠冕堂皇？那么顾左右而言他？因为需要维权。谁如果超越权力的制约，自然也就超越了这纠缠不休的年龄。但，这的确是困难的。

我曾留心过文坛那些前辈名流的发言，谈及年轻一代的写作时口径几乎如出一辙，都说没怎么读过，不太了解。如果只是其中的一个人这么说，我们有理由认为那是真诚的。但整整一代人都这么说，就不能不令人感到奇怪了。一方面说没怎么读过，不很了解，一方面又大而化之谈论年轻一代的种种欠缺以及应该如何。而当他们谈起中外大师和名家来不禁来了精神，头头是道、如数家珍，就像那些人是他们的亲戚一样。我觉得这一情形是很令人悲观的，从中能看见的不过是一颗被权力、利益毒害的冷漠之心。后继无人从来都是既得利益者的一种愿望，而非事实。事实是：江山代有才人出，这还有什么可说的呢？

当然，“80后”写作者和其他任何时间段的写作者一样，其中有优秀的，也有平庸的，目的各不相同，道路也大相径庭。有投靠体制的，亦有依赖市场的，有一炮走红的，也有默默无闻的。有跟着混的，也有自觉自醒的。而这绝对不是一个年龄问题，也不是一个时间问题，如果有人企图将这些同时不同质的写作者及其写作一锅烩了，胃口也未免太大了点。

快是艺术的敌人

一次毛焰酒后不小心说了一句名言：快是艺术的敌人。不知道别人的感受如何，在我，却如醍醐灌顶。这句话不免切中了当今艺术和写作的时弊，在一个讲究速度和效率的时代里，快是无论如何也免不了的。所有的人都知道快是好的，因为快即意味着多。好大喜功必须与快联手，快是大与功的必要前提。要大，要快，要多，这还有什么好说的呢？所谓时不我待，所谓人生苦短……于是乎，天才层出不穷（所谓的天才就是不需要时间准备），神童层出不穷（所谓的神童就是开始的时间很早），快枪手层出不穷（所谓的快枪手就是完成作品的速度惊人），多面手层出不穷（所谓的多面手就是凡艺术都能搞一下都能露一手，同时兼顾）。艺术成了速度与效率的比拼，以渴望结果的巨大与惊人。可以毫不夸张地说，当今的艺术是一种追求效果的艺术，并且这种效果一定是世俗的，被商业和权力社会加以确认的。

老百姓说：急什么急，抢孝帽戴啊？我们的作家、艺术家急什么急？如此地急急忙忙，慌不择路，只能是跑得离艺术越来越远。在个人世俗成功的同时只能是艺术之死。所以毛焰说：快是艺术的敌人。它可能是我们的朋友，但必定是艺术的敌人。而慢则可能是我们的敌人,但必定是艺术的朋友。所以说,我们的作家、艺术家在这个大的时代背景下是非常分裂的。如果他与时代保持一致，那就得快，就得多，以求做大做绝，这样的结果是体力难以承受。比如我就听说有人半个月完成一部长篇小说，甚至三天完成一部长篇小说的，有人十几年来每天必写两万字，如果少于两万字就觉得什么都没有写。这些个案的确让人佩服，但我们佩服的究竟是什么呢？体力而已。虽然快与多会消耗体力损害健康，但还是有那么多的人为此不惜牺牲，这到底是为什么呢？因为比较而言它还是容易的。

快，消耗的是体力。而慢，消耗的则是心力。为何这么说？首先因为慢是与整个时代的流速流向相违背的，不说中流砥柱吧也是沉舟侧畔，自甘沉舟而眼望千帆，心理必然是沉郁的。其次，慢不是闲置、空洞，它是一个漫长的孕育和专注的过程。以慢为己任的艺术家们心里面有事，他没在画画没在写作，干着其他的事，甚至在玩耍娱乐，但心里面却搁置不下。比如鲁羊已经有三年多没有作品问世了，有一次问起他开始写新的东西了吗？鲁羊答："我怀着一个人。"就是这种感觉了。再比如我的一个画家朋友，他的女朋友是做公司的,她总是抱怨画家成天玩乐浪费时间。画家回答说:"艺术家的时间不同于公司白领的时间，我的玩乐就是画画。"

没有充裕的时间，没有从容的心理，没有准备和持续的怀想，没有所从事的艺术之外的其他的事，没有片刻的忘却和等待，优秀的艺术从何而来？不仅孕育是一个漫长的过程，就算开始动手了，作品已见雏形，修改、反复、斟酌、踌躇不决……还有一大摊事一大堆的心理。所以毛焰说："我的作品都是没有完成的，也都是完成不了的，每一张都可以再画、反复画……”虽说那些细微之处除了他自己没有人可能看出差别，虽说如此反复不已的习惯类似于某种精神强迫症，但作为慢的艺术首先得对自己诚实。慢到病态，慢到灿烂地毁灭。

诗歌朗诵

作为一个写诗的人，对自己写的东西有什么样的理想呢？很多年前我和朱文、刘立杆讨论过这个问题。我们都很喜欢戴望舒翻译的洛尔迦的诗，据说洛尔迦的诗后来在西班牙各地的小酒馆里都会有人怀抱吉他自发地弹唱。这情景的确令人感动，想想吧，城镇里的小街小巷、酒吧啤酒、吉他雪茄、夜晚以及祖国民众……如果能做到这一点当真是不负此生了（作为诗人的一生）。但我并不认为我的诗可以这样，我对自己写的诗歌的理想怎么说呢？就是被完全地遗忘，但有蛛丝马迹留了下来，多年以后的一天一个年轻人偶尔读到了我（在此之前他并不知道我是谁），一读之下就放不下了，一直读到天都黑了。也就是说，我对自己写的诗歌的理想既不是及于大众，让他们的耳朵有福，并通过他们而流传久远，也不是在一本烫金的诗歌经典里出现，以权威的方式加入文学历史，居高临下以期永恒。我希望的不过是在毫无干扰的情况下，心与心的相互作用，一颗无名之心直接抵达另一颗无名的心。当然啦，这是很多年前的一时的想法了，现在想来未免过于自我感动了。我想说的是关于诗歌朗诵的问题，当然，弹唱与朗诵不同，但面对听众以诗歌的名义进行言语表达还是一致的。

记得有一次在南京的百花剧场，我的《一个孩子的消息》被两个话剧团的职业演员朗诵，一男一女，他俩声情并茂地朗诵着我的诗，并佐以姿态动作。舞台、灯光、麦克风以及演员脸上的油脂，尤其是他们的朗诵（声音及其表演）不禁让我起了一身鸡皮疙瘩（不是形容），我当时的感觉真的想找一条地缝钻进去。这以后我就更坚定了自己的想法，我的诗是不适合朗诵的，尤其不适合专业演员的专业朗诵。但让我自己登台，那就更不可能了，不得已求其次，以后再碰上朗诵这样的事，我还是一概推辞，让人家另请高明。我的说法是：诗写完以后就和我无关了。

那么，朗诵别人的诗歌呢？我的鸡皮疙瘩起得要少一点，这自然是因为自我作祟。关于朗诵，我的经验是，非专业演员比专业演员要可以忍受一些，非专业朗诵方式比专业朗诵方式要可以忍受一些。我们的所谓的“专业”朗诵方式大约是可以深究一下的，不知道曾几何时朗诵就成了这样的一种调调，首先，语速变慢了，每个字的字音都拉长，然后伴有深沉的呼吸起伏、胸腔和颅腔共鸣，当真是煞有介事，正经得不得了。这大约与我们的广播电台有关，与当年发布毛主席诗词时的语调有关，以讹传讹、无师自通，大家都觉得朗诵就应该是这个样子的。当然也有变革，比如现在朗诵时朗诵者会展开一个大本本抱在胸前，背后钢琴伴奏，灯光随情绪明暗不定……要我说，真的还不如没有的好。朗诵如今已经成了某种正经的、高雅的、煽情和伪善的表演，它是一种没落的“秀”，一种异常浅薄和平庸的造作。朗诵已经远离了洛尔迦的弹唱。自然洛尔迦的目标对我们而言是过于高远了，但至少我们可以从朗读做起啊，朗读而非朗诵。像读一篇课文那样，像我们平时说话那样地读读诗歌吧，把这件事做好再说。

《孔雀》及其他

《孔雀》的最大特色就是风俗画式的怀旧，它或许还有其他可圈可点的地方，但风俗画式的怀旧肯定是最突出的。比如像做蜂窝煤、灌西红柿浆、晾萝卜干、做咸鸭蛋或皮蛋等，大量与剧情无关的描写不免渲染了气氛，使故事深陷于一个特殊的时代之中。这个时代的政治因素被削弱了，几乎不被提及。应该说这是顾长卫的一个发明或者发现。我只是觉得他做得未免过分，有点儿不自然了。影片中的一切都是旧的，旧有的风俗、装扮，甚至连有关的道具、陈设也都一概陈旧不堪。比如说故事发生于上世纪七十年代，距今天大约三十年了。这一家人使用的桌椅板凳以及一些生活用品似乎也经历了三十年的历史，不仅式样是三十年前，而且保存了三十年后才被用来拍一部电影。我的意思是这些道具、陈设在三十年前应该是新的，或者半新不旧，而绝对不会像现在这样散发着历史文物的气味。一家人生活在一堆历史文物之中，这大约不是怀旧，而是作假，至少也是在时间上穿帮了。

怀旧是可以的，也是令人舒服的事，但风俗画式的怀旧，以陈列或罗列与剧情无关的当年的风物习俗为方式未免失之于浅薄。风物习俗的存在应与故事有着必要的关系，服从于故事，而不可喧宾夺主。我是这么认为的。其二，历史文物式的怀旧则更加做作（首先是视觉画面的做作），使怀旧集中于物而非人，难免不会成为一种僵硬的文化符号。此类文化符号其实在大导演的作品中并屡见不鲜，比如张艺谋的大红灯笼、王家卫的三四十年代的旧上海。自然使用的符号不同，效果也不完全一样，但有一点是共同的，就是：为符号而符号，为文化而符号。于是乎，真实的生活便被遮蔽在这概念化的符号之下了。张艺谋之后有很多人效仿之，实际上效仿的就是这种概念化的符号，就是这种符号化的方式。王家卫的旧上海自不用说，效仿并买卖这符号的人实在不少。我有理由认为，顾长卫风俗画式的怀旧因顾的成功不久也将风靡起来，七十年代不用说了，我们还可以挖掘一下六十年代，还有八十年代和九十年代呵，看看有什么我们都玩过的但业已消失或濒临消失而又藏匿于记忆中的东西。我给大家提个醒，比如像踢毽子、抽陀螺、滚铁环、玩烟壳、抓沙袋、跳房子……这些都可以拍啊。像喝红茶菌、打鸡血针、甩手疗法、踩鹅卵石这样的镜头在不远的将来出现在电影中我也一点也不会感到奇怪。

回到《孔雀》，我觉得也有值得注意的地方。比如关注人、人的命运以及现实生活，这与风行一时的商业大片以及低俗搞笑的电影还是有所区别的。但关注人、人的命运和现实生活，我认为是最起码的。顾长卫还是太注重他的风俗画式的怀旧了，在这些地方虽然做了一点什么，但注意力并不集中，做得也不好。有人说《孔雀》是“十年少有，天然浑成”，过了。如果剔除风俗画式的怀旧的因素，这电影也就那样。我的观感是：《孔雀》是一部有特色的电影，但怎么也算不上是一部好电影，并且它的商业成功会带来电影风气上的新一轮的堕落。咱们走着瞧。

归来者

北岛是上世纪七十年代末八十年代初的文化英雄，他及“今天”诸人的写作实践直接启发了“第三代诗歌”运动。当年我们阅读北岛主编的民办文学刊物《今天》，其心神俱震和如饥似渴一如一二十年代的进步青年阅读《新青年》和《觉悟》。记得我去北京走亲戚，身上只带了一本书，便是在传阅中变得破烂不堪的油印刊物《今天》。因为那上面有一个通联的地址。在北京期间我犹豫再三，是不是要找过去？实际上我已经找过去了，在那个门牌号码附近徘徊了多时，但最后也没有勇气上前敲门。

后来我也写诗了，可以说完全是对“今天”诸人的模仿之作。当时我的哥哥李潮在《青春》杂志社当编辑，和北岛有书信联系。他把我的诗寄给北岛看。北岛在回信中谈了其他一些事，但没忘了提及我的诗。寥寥数语，也就一句话，大意是“你弟弟挺有才华，应有前途”。这句话对我的鼓励不可小觑，我从十九岁开始写作到今天四十四岁应该和这有些关系。大约三年后，也就是 1983 年我又去了北京。这次有我哥哥的关系，我的怀中又揣着一批新作，因而底气很足地敲开了北岛家的门。北岛不在，他的老婆请我吃了一顿便饭。

后来北岛回来了。这是一个瘦高个子，表情严肃。记得北岛戴着一副眼镜，那种眼镜的镜片在阳光下会变黑，来到室内慢慢地才变得透明，能看见后面的眉眼了。北岛刚进门的时候眼镜还没有变过来，就像戴着一副墨镜似的，用今天的话说，那真是很酷。跟北岛一起进来的那人叫马高明，英语很好，两人坐在沙发上在讨论一张机票。北岛要出国了（可能是第一次出去），由于不通英语，需要一个人帮他解释机票。解释完毕，北岛这才转向我。我掏出新写的诗，递给北岛看。他看了也就看了，并无评价，只是说要帮我推荐到《中国》杂志去。当时北岛在《中国》担任诗歌顾问。我告诉北岛我的一个同学在《中国》做编辑，而那人和我有过节，估计就是送过去也发表不了。北岛说："没有关系，试试看吧。"后来我的一组诗包括《有关大雁塔》在《中国》发表出来。据说我的那位同学一见是我的诗，马上说道："韩东啊，我知道的，他能写出什么好东西来？"北岛说："我知道你们是同学，而且有矛盾，但这组诗我看过了，觉得不错。"

后来《有关大雁塔》被视为"第三代诗歌"的代表作被反复提及，成了反驳北岛以及"今天"诗歌风格的一个标志。可是谁又会想到这首诗是在北岛本人的推荐下才得以正式发表的呢？而我和那位同学的过节也是因为传阅《今天》才有的。此事说来话长，总而言之，那时传阅《今天》是一件在政治上很严重的事，我的那位同学把应该承当的责任推卸给我了。这件事我也没有向北岛提起。

一晃二十多年过去了，最近北岛又"复出"了，在报刊上我们又看见了他的诗歌、他的文章、他的访谈和照片。北岛经过千辛万苦生死考验终于带着他的"行李"——母语回家了，而我也重新见到了那个最初感召我们的源泉。像间歇泉似的，这回的喷发更加地蔚为壮观、令人感动。

又见多多

七十年代末八十年代初，我开始读到北岛、芒克的诗，这些诗先是抄在小本子上四处流传的，后来我才见到北岛主编的《今天》，接触了江河、杨炼、舒婷、顾城这些人的诗歌以及史铁生和北岛的小说。“今天”写作群对我而言的启蒙意义非常重大，在心理上我亦视这帮人为英雄豪杰，惊为天人。后来，舒婷、顾城被官方刊物大面积地接纳，其魅力顿减，北岛等也已经被我读得太熟了。最后是多多。在我的印象里，他在后来的《今天文学研究资料》里才出现，被视为“今天”写作群的“最后的秘密武器”，并有传言，北岛曾说：“我们不过是一些写诗的人，多多才是真正的天才。”待读到多多的作品，我才相信此言不虚。

1985年，我在北京多多的家里见到了多多，给我印象最深的是，他的头发已经花白了。头发虽然花白，但面目年轻，并因此显得格外年轻了，当真是鹤发童颜。多多眼睛细长，虽算不上有多英俊，但十分具有个人魅力。他抽“长乐”烟，并告诉我北京人都抽这个牌子。墙上挂着多多本人的油画作品，房间四周目光所到之处充斥着各种古董或者半古董以及不知从何处搜罗来的民间工艺品，记得有一只台灯的灯罩居然是一只绣花的鞋面展开做成的。我觉得多多的住处就像是一个博物馆或者博物馆的仓库，他置身于这些乱七八糟的美的事物之中，从某种角度上说这很像他的诗歌作品。总之多多很艺术，而不文学，如果他不是待在一间“艺术品仓库”里而是待在书斋中，四周书架林立、经典闪烁（现在很多诗人、作家的家里都布置成这样），他的形象在我的心目中一定会降格的。似乎我们也没有谈文学、谈诗歌，谈的是生活。当时正是正月年后，屋外鞭炮齐鸣，震耳欲聋，多多说，北京每年的这个时候至少要炸出六十只眼珠，我听了不免一惊。

后来我再也没有见过多多，但他的消息会偶尔传来，听说他出了国，在海外出版的《今天》上也时常能看见多多的作品。但在国内，多多几乎被人们遗忘了。“今天”写作群诸人各奔前程，史铁生因其小说写作蜚声文坛，成了大作家，舒婷早年的诗名一直得以维系，并逐渐扩大影响及于大众。流散海外的几位中顾城因杀妻和自杀经媒体的传播更是家喻户晓。多多则再次重返秘密状态，了无声息。直到本世纪初一些更年轻的诗人偶尔读到他的作品，不免又惊呼如见天人，其激动和词不达意一如我们当年。

这个月我去苏州参加一个诗会，意外地又见到了多多。二十年过去了，他的头发已经全白，并戴上了眼镜。如今多多在海南大学担任教授，但国籍已非中国。他老了许多，也平和了许多，那双细长锐利的眼睛在镜片后面也不怎么看得清楚了。当他登台朗诵诗歌，为了看清楚稿纸，将眼镜往额头上一推，架在头顶，就像一个飞行员一样。我又看见了多多的真面目，他的诗歌在飞，整个人在飞，是飞而不是滑翔，轰隆作响，绝对是重型飞机。接着当年的那次谈话，多多对我说：“要是在现在，每年就不是六十只眼珠了，而是六百只。”掷地有声，我听了不免又是一惊。

众生平等之企鹅

义愤和忘恩负义

一位歌手，缩衣节食，十年来捐助贵州贫困地区的失学儿童和青年，支出三百万元，并欠下十几万元的债务。后来这位歌手被诊断得了癌症，住进医院，其间仍念念不忘自己的捐助工作。这的确是难得的善人善事，怎么宣传和广而告之也不为过。但在报道和议论这件事的过程中我听到了一种“义愤”的声音，针对某些接受过捐助的人，说他们如何的冷漠，要求在报道中删去自己的名字，或者知道恩人病重仍拖延不去探望，或者在歌手生病期间仍无度索要金钱财物。在接受捐助的人中这自然是个别现象、个别人所行所为，但招致的谴责则异口同声，虽未指名道姓，也差不多呼之欲出了。并且，这些被谴责的对象显然没有申辩和反驳的余地。

这到底是为什么呢？为什么我们在谈论爱和施与行为的时候会夹杂这种愤怒的语调？为什么当我们为美好的事情而感动情绪激奋就忍不住要骂人？难道只有义愤、愤怒、道德谴责、揭露丑行才是我们所理解的爱他人的真义？特别是以那位行善者的名义、站在他的角度和立场，这些义愤的声音更是刺耳得令人难以置信。就好像他们（义愤者）和他（捐助者）是一边的，可以代表他说话，可以借他的事迹来要求和谴责别人的道德生活。这不禁使我想起了《圣经》中耶稣赦免淫妇的故事。当那些义愤的人要用石头把那可怜的女人砸死，耶稣说，你们中谁没有犯过罪，就可以先用石头打她。自然，没有人是完全纯洁的，耶稣除外。但耶稣赦免了那个女人。

我认为，如果确有博爱，确有同情，确有善良和纯洁，它的基调或前提一定是特别的宽容大度，和平、温柔、安慰人、希望人好是不可避免的，而义愤、愤怒、道德谴责和巴望别人垮台、付出代价则是违背爱的本义的。回到那些义愤者，他们难道就没有让“忘恩负义者”付出代价的意思吗？不仅有，而且——我相信，这代价已经付出了。在他们“不点名”的揭露和谴责中，“忘恩负义者”的身份在其生活环境中想必已经暴露无遗，今后的日子将背负这道德诅咒，是何其的沉重呢？捐助者的事业在于爱人，可这些义愤者却为什么热衷于害人？并且害的是由捐助者帮助过的那些人，并且是以捐助者工作的名义去害（拿这说事），这到底是怎么一回事呢？这与捐助者的初衷不能不说是完全背离，甚至针锋相对的。更有甚者，他们还撺掇捐助者加入到他们中间，拼命地启发、诱导、干扰捐助者的思路，终于让后者说出了“我有点难过，但不后悔”的话来了。可以说这番言论是在义愤者的裹挟和催眠中说出的，把它登在报纸上，大肆宣扬更是捐助者本人的耻辱（并非是“忘恩负义者”的耻辱，他们的耻辱已得到有力的揭露）。

以爱的名义援助他人应是无条件的，援助不仅是物质的、扶困济贫，同时也应该包括精神上的援助，包括宽容和同情。耶稣的博爱不仅施于穷人、病人，同时也施于税吏、妓女，施于那些有道德缺陷或缺损的人。因此他的爱是无限的，如阳光普照。这是爱的厚度，是真正的无私纯洁之爱。仅仅是物质上的救助则可能是我们称之为慈善事业的那种东西。在义愤者的道德谴责中暗含一层意思，就是，只有好人才能配得上捐助者的援助，只有达到一定道德水准的人才应该得到援助。他们盯住的是三百万元这个数字，而无视其中可能具有的超越性的意义。实际上，援助“坏人”，或者不论其道德水准不简单地是一个不求回报的问题，更重要的这是施与的品质和深度的问题。可以不客气地说，义愤者只能理解某种肤浅的爱，对于真正博爱的宽广高深几乎是没有概念的。

那些被谴责者，所谓“忘恩负义”的人，如今已丧失了自我辩护和反驳的可能，义愤者大概不可能再有兴趣从他们的角度去思考、设想。他们的“忘恩负义”已成定论。但在定论之下，他们难道就没有具体的处境和苦衷吗？也许不完全是托词，不完全是借口，不完全是道德败坏，不完全是冷漠。要求在报道中删除名字也许是不想卷入一场是非，不去探望恩人也许真的没有时间或者不习惯这样的方式，在捐助者病重期间仍然索取不休也许是确有困难，无处寻觅帮助，也许并不真的了解捐助者病情的严重。当然，我并不是“忘恩负义者”的辩护人，我也倾向于相信他们这样做是冷漠使然，倾向于相信他们道德上有所缺陷。如果他们真是这样的，恰恰应该是、尤其应该是捐助者援助关怀的对象。在此说三道四是对捐助者工作的贬低，是把他的事业局限于可疑的慈善，而非理解成真爱大善之实践。

大骗子和小骗子

骗子有各种类型，亦有大小之别。大骗子瞒天过海，名利双收，并且大都能够恶始善终。次一等的被揭露出来，举国震惊。他们好比演员，老百姓好比观众，其行骗事迹被报登刊载，电视传播，成为饭后茶余的绝好消遣。一些虚构的艺术作品，为骗子树碑立传，使其摇身一变成为超越时代国籍的英雄豪杰，精湛的骗术也被津津乐道，成了超人般的杂耍艺术。只有魔术虽含有骗术的技巧但不能算骗，因为一开始它就告诉你这是欺骗。欺骗是魔术艺术的前提，恰恰因为这个坦诚的前提与其他的骗局相比魅力不免大减。

在我们的时代里，行骗已不再是难得一见一闻的传奇故事，它如此地普及普遍，如此地目光短浅，盗亦无道，当真成了一种基本的危险。报纸上每天揭露的那些丑闻罪恶无不含有行骗的成分。骗子已不再局限于街头，他已深入到各专业、各领域、各行当，几乎无处不在。我们当中谁没有被人骗过呢？你听过歌吗？那必然遭遇假唱。你看过球吗？必然会遭遇假球。你生活过吗？买过东西购过物吗？给孩子买过奶粉吗？生过病吃过药吗？在饭馆里吃过饭吗？在菜市场买过菜吗？如果你干过这些，说你没有被骗过，真的鬼都不信。我们之所以抱怨有限，一来习以为常，觉得没什么大不了的。二来，也许我们也曾骗过别人（那些骗人的人或曰骗子其实和我们一样，不过是为生存发财而战）。三，这年头行骗是不论骗术本身的技术含量和机巧的，只论后果，如果骗死了人还不止一个，侵吞国家财产还不止百万千万，后果巨大严重才会榜上有名。只要能好生控制后果，骗子携带着他的骗术将行走四方而无碍。骗子也就不是骗子，骗术也就成了难能可贵的生存之道了。

一次我看电视，内容是街头骗术揭秘。其中说到卖鸡蛋的把鸡蛋放入高压锅中，加上水，然后盖上高压锅盖用气筒往里面打气。由于压力水便挤进了鸡蛋里。这样的蛋称起来约五枚一斤，而平时一般七八个蛋才一斤。又说到制作毛鸡蛋的，先收集蛋壳（一端破口的），然后以面粉调水灌进去，再加上一点真毛鸡蛋的鸡毛、小腿什么的，之后蒸熟、剥开，用竹扦穿成一串就可以麻辣烫了。一串才能赚一毛钱，因为毛鸡蛋本身就便宜。

看了这则电视我不免有点感想，你想啊，又是收集蛋壳，又是制作，完了还要在寒风中摆摊设点，起早贪黑的，就是为了赚一毛钱。这里的人工肯定没有考虑进去，如果考虑进去假毛鸡蛋也物有所值了。这还不算，还要被作为骗术揭露出来，丢人现眼。我当然不觉得制作毛鸡蛋的有理、有德，只是觉得可怜。看来骗子如今也两极分化了。大骗子趾高气扬，即便被揭露引起的也是仇恨和咒骂。而小骗子就没有那么露脸了，他们只是令人不屑，其猥琐程度和行骗的规模及后果是成反比的。

众生平等之企鹅

看电影《帝企鹅日记》，讲的是这么一个故事。成年后的企鹅千里迢迢地去一个冰层厚实的冰原，到齐后互相寻觅、竞争，然后配成对，耳鬓厮磨“谈恋爱”，终于交配，完了产下一枚大大的蛋。母企鹅将这蛋交给公企鹅。由于它们大多是新手，头一回做企鹅，头一回下蛋，体胖肢短不免笨拙，移交工作十分艰难。有的蛋滚出企鹅的怀中，落到冰层上，便咔吧一声冻出了一条大大的裂缝，那蛋也就成了石头了。总算移交完毕，公企鹅将蛋捧在脚上，靠小腹下的羽毛为其御寒，遮挡风雪。与此同时母企鹅头也不回地走了，去海边吃鱼。公企鹅就这么站着，历时两三个月，不吃不喝也不趴下。接着暴风雪来了，寒冷刺骨。公企鹅们揣着那蛋聚成一堆，面目向内，被风雪吹得摇摇摆摆，在最里层的当然最暖和。企鹅们有祖传的智慧和道德，这一堆企鹅慢慢挪动慢慢旋转，最里面的渐渐地到了最外面，十分的公平。之后小企鹅啄破蛋壳出生了，但仍不敢走下爸爸的脚面。爷儿俩翘首以盼母企鹅，在快要饿死的晕眩中终于等来了母企鹅。然后公企鹅再将小企鹅移交给母企鹅，自己摇晃着疲惫已极的身体向海边进发，去找鱼吃。这边母企鹅张开大嘴，把胃里面的鱼虾吐出来喂养小企鹅，然后又是一番漫长的等待。母企鹅不吃不喝，然而小企鹅却又吃又喝，都是从妈妈的嘴巴里掏出来的。

看了这电影我得出的一个结论，就是当个企鹅不容易。别看人家白白胖胖的，憨态可掬，其生存的艰辛和劳碌又有谁知？当真是环环相扣、步步凶险。在来去冰原的长征中落单的必死无疑，去海边抓鱼有被海狮捕获的危险。即使是作为那个父母肚皮下面的宝贝蛋儿也可能落到冰层上受冻开裂，即使是宝贝蛋儿出生了，妈妈没及时赶到也将饿毙。然后能在冰层上爬了，和小伙伴们玩了，又来了老鹰。企鹅的父母虽然为孩子勇于牺牲，却生性懦弱，面对老鹰绝对束手无策。它们勇于牺牲却不勇于打架，眼见着老鹰把自己的孩子啄得遍体鳞伤，以至坏了性命。小企鹅长大后自然要走父母的老路，所有的一切又得重新来过。

这和西西弗斯又有什么两样呢？据说那家伙推着一块石头上山，到了山顶让石头沿坡滚下，西西弗斯下山，再将同一块石头推上去。如此周而复始。据说这故事说明了人生的荒诞不堪。小时候我们总会碰到一个问题：人活着为了什么？为了长大。长大又为了什么？为了工作。工作又为了什么？挣钱拿工资？那又是为了什么呢？为了吃饭。吃饭又为什么呢？为了活着。这车轱辘的话又说回来了。简言之，问题就是：是活着为了吃饭，还是吃饭为了活着？长大了，我们明白了道理，有人告诉了我们生命超越吃饭、吃饭超越生命的意义。但这首尾相接的因果关系倒很适合企鹅，它们可不是吃鱼为了活着，活着为了吃鱼吗？至于下蛋、孵卵、带孩子不过是其中的中间环节。企鹅作为一个物种难道不就是为了活着吃鱼，或者吃鱼活着吗？而且啊，我没有想到的是，它们竟然那么的辛苦！几乎就是工作狂。年轻的时候，在对人生的意义不甚明了灰心失望之际，我曾萌生做一个动物的理想。反正都是没意义，好歹做动物可以偷得半日闲，不用工作和上班。并且我还怀疑勤劳的美德乃是人为的杜撰，人作为动物并非是生来就要工作劳作的。有人问我下辈子投胎做个什么？我说想做企鹅，我看中的是它们的悠闲懒散并且不被谴责。但是我错了，被它们发福的身躯和松弛的表情给骗了。看了《帝企鹅日记》后我知道了，即使是做一只企鹅也要劳作不息的，甚至更加的忙碌奔命了。只是那南极壮丽无比的风光仍令我神往，冰山雪原、寂静严寒，生于斯长于斯还是有那么一点点牛逼的。

荒诞的研究

我看过一个纪录片，说的是一帮外国科学家研究鲨鱼的杀人方式及技巧。画面上两个研究人员站在清亮的海水里，周围成群的鲨鱼游来游去。大约他们原本是想说明鲨鱼是不轻易咬人的，有关鲨鱼的凶残乖戾并不符合实际的观察，因而他们才选择了如此碧蓝透明的海水，安放好了极其高级的录像设备。当真是海阔天高、阳光普照、人鱼相戏，其乐融融。突然，鲨鱼就发起了攻击，其中的一人腿肚子被咬掉了。不仅如此，从此以后此人便改变了研究的方向，从研究鲨鱼的“和平”可能转变成研究它的残暴本性。但不论研究什么，人家的精细和不惜人力物力都很让我吃惊。先是发明了一种装置，然后在这装置上绑上鱼块（诱饵），一人冒着生命危险潜入海底，测试鲨鱼的咬力。再在一个造价高昂的实验室里制造了一条机械鲨鱼，继续研究。最后，他们做了一条无比逼真的假腿，连其中含有的水分都与真腿相同。把这假腿放入机械鲨鱼的口中，电钮一摁，小腿肚子果真被咬了下来，其创面与真腿简直一般无二。整个过程中，那被鲨鱼咬过的科学家都挽着裤子，露出他的残肢，与假腿对照比较着。

我一面看，一面在想，这得花多少钱啊？我又想，花了这么多钱到底是为了什么呢？意义何在？按照那科学家的意思就是使自己明白当时究竟发生了什么。究竟发生了什么？小腿肚子被鲨鱼咬掉了，这还用说吗？科学家想知道的大概是这小腿肚子是如何被咬掉的，那一切是如何发生的。这自然牵扯到鲨鱼的凶残本性，牵扯到它的用力方式。但明白了这些又能怎么样呢？难道小腿肚子就可能不被咬掉吗？影片虽然好看，但我始终不明白他们研究的意义何在。按照中国人的说法，那是吃饱了撑的，钱多得没处花了。的确有那么一点荒诞，但我相信他们研究的目的绝不是为了这荒诞或者揭示荒诞。

我想起有一年另类诺贝尔奖的一位得主，经过几十年乃至毕生的努力研究，终于证明了狼是狗的祖先，狗是狼演化而来的。你说狗是狼变的，这谁不知道呢？光知道了还不行，还得在科学的意义上加以证明，铁板钉钉才成。

最近看一部关于三星堆考古的纪录片。三星堆出土了大量的青铜面具，这些面具的造型别具一格，鹰鼻、阔嘴、巨目、粗眉，大耳支棱着，并且没有瞳孔。于是乎大家伙便议论纷纷，它们属于什么人种呢？自然面具没有种族之别，研究人员的意思是面具是根据什么人种的特征制造出来的？研究考据的结果是它们既非蒙古人亦非欧罗巴人也非黑人，当然也有说它们是接近蒙古人或欧罗巴人或黑人人种的。一位专家终于意识到，面具的特征乃是出于艺术抽象，并不是按照某个特定人种的相貌制作的。就像我们现在的卡通画，那些鼻小如豆、嘴小如缝、眼大似水坑的形象又是属于哪个人种呢？如果后人也按照这些特征追寻具臭须有的模特儿的种族岂不是枉然？劳而无功也贻笑大方了。

所以说，荒诞常在。有富裕无聊导致的荒诞，也有贫穷执著导致的荒诞。有有根有据的荒诞，也有虚妄狂想的荒诞。有退后一步即能看清的荒诞，亦有身在其中而不自知的荒诞。人的生活就是荒诞，体现在他的工作和追求中。嘲笑别人次要，认识到这个共同的处境也许不无要紧。

自上而下的尊重

Y是某报纸的主编，M是他的下属，这家报社的办公室主任。Y和M出差来南京，在宾馆里见到他们时，Y介绍M说："这是我的同事。"他没有说："这是我的手下。"甚至也没有说："这是我们报社的办公室主任。"他说的是："这是我的同事。"在整个活动过程中Y都是这么介绍M的。

这便是对人的尊重。对人的尊重即体现在态度上、语气中，体现在遣词造句这样的细节上。在常见的领导和下属的关系中，这种自上而下的尊重极为难得。或许领导会很关心下属，"罩着"对方，为下属谋取很大的福利，但在态度上的这种平等自然却非常少见。即使是从权术的角度考虑，尊重的态度与为其谋取福利相比效果也是更好的。只要你能足够地尊重下属，哪怕为他争取的福利少一点也无关紧要。理由很简单，人心都是肉长的，每个人都很要面子。人的精神所需比一般设想的要强烈得多，而物质所需则较之次要。一味地只是在物质上笼络人心，造成的是又爱又怕的感情。一旦这怕变成了恨局面就很难收拾了。所以当领导的经常会觉得吃力不讨好，觉得下属忘恩负义。事已至此，就该从自己的态度上找原因了。

一位在邓小平身边工作过的服务人员回忆说，邓晚年有散步的习惯。每次散步时都有一位工作人员陪着。一次她陪邓小平散步，因为气候转冷邓穿得单薄，所以她就问：“首长是不是要加衣服？”邓说不需要。过了一会儿她又问了一遍：“首长是不是要加衣服？”邓一边散步一边在沉思，显然思路被打搅了，但他是这样回答对方的：“你老是提醒我加衣服，是不是自己觉得冷啊？”说得工作人员不禁笑了。我觉得这个细节是邓不同凡响的一个证明，和他的那些伟业建树相比更加地说明问题。

在一般的理解中，尊重、尊敬这样的态度是自下而上的，下属对上司、儿女对父母、穷人对富人、一般的从业人员对专家、群众对名流。总之是劣势一方对优势一方所必要的姿态或态度（这里的劣势和优势并非指人格、人性上的，而是指社会认可的层面）。所以才有“孝敬”这样的说法，才有不知“敬畏”的指责。但在我看来，优势一方对劣势一方的尊重更为重要，因为劣势一方更需要它们。劣势一方对优势一方缺乏尊重，优势一方或许可以从其他的地方得到补偿（权力、金钱、名望等等）。但优势一方若不尊重劣势一方，后者则可能落入痛苦的深渊，无处申诉，也无补偿，积郁于心，对人心的伤害是立竿见影的。还有一点，这种自上而下的尊重是困难的，对优势一方而言可算得上是真正的精神考验。能压迫而不压迫，能迁怒而不迁怒，能发泄而不发泄，是需要很强的精神毅力和真正的爱人之心的。

死亡教育

人死如灯灭，在无神论者看来，人死后是没有灵魂的。但这并不妨碍人们对死者的纪念。葬礼、墓地、祭扫仪式对我们的生活而言是如此必要，很难想象一个没有对死者祭奠习惯的民族或者社会。实际上，文明的标志即与祭奠的仪式有关。在一个十万年前的考古发掘现场，人们发现在一具人类的骨骸之上、之旁集中了很多植物种子的化石，于是猜测这是以献花的方式纪念死者表达哀思留下的。如果说，这仅仅是原始人类迷信愚昧的证明，难道说社会发展到某一天，我们就该像野兽一样随地抛弃死去的同伴吗？即使是在野兽中间，那些智力较高的动物亦有关于死亡的意识，比如大象，它们会在死去的同伴前流连不去、发出哀鸣，并用肢体一遍遍地触碰死象的遗体。

对死者的纪念，或许与死者无关，与是否相信他们有没有灵魂无关，说到底，这是对生者必要的死亡教育。人必有一死，归于尘土，这并非是一个理性认识的问题，同时它还应该是一个感性的事实。面对死亡，反观我们的生活将有很多助益。有一句话叫做“向死而生”，即是这个意思。一个不知死亡为何物的民族是可怕的，一个不知死亡为何物的个人也是很可怕的，尤其是在这样的一个崇尚竞争、奋斗、个人实现的时代里。死亡的事实或许能够平息我们内心过分的欲望、贪婪以及“理直气壮”。记得我的前嫂子因病去世以后，哥哥坚持把她的骨灰葬在南京郊区，而没有送返故乡。哥哥当时说了一句话：“当我劳累的时候可以去她的坟上抽一支烟。”我觉得这个理由很充分，有时候死者或亲人的墓地对我们而言的意义就是这样的。那么亲密的人都死了，死亡近在咫尺并非幻觉，在此观照之下，人世间的很多纠缠、纷扰、冲突以及不公正的待遇真的算不了什么，不必那么的较真、小心眼，对人对己都不必那么的严厉……

过分贪婪的人有一种幻觉，就是人是不死的，或者死亡属于他人，而与己无关。虽然我们的报纸、媒体每天都有那么多的关于死亡的报道，但那不过是一些数字、一些遥远的故事，此类关于死亡的信息算不上有效的死亡教育，反倒把死亡概念化了。只有我们熟悉的人亲近的人的死亡才可能给我们以震动，提醒我们死亡并不遥远也非传说，它是我们真实生活的一部分。

墓地和祭扫的仪式在我看来便是真实的死亡教育。我想起索甲仁波切讲的一个故事，一个婴儿死去了，悲痛欲绝的母亲怀抱死婴请求佛陀让她的孩子再生。佛陀让她去没有死过人的家里去讨一粒芥菜籽，结果一无所获，因为没有哪家没有死过人。郊外的墓地就是这样告诉我们的：没有哪家没有死过人。和我们如此亲密无间的人已不复存在，在此事实下将形成某种旷达慈悲的世界观。无惧无畏不可取，谨慎和开阔才是人生之道。

农村包围城市

崔健有一首新歌，叫《农村包围城市》，按老崔的话说，就是代表农村人向城里人发点儿牢骚。这首歌是用唐山土话演唱的，加之强烈的摇滚节奏和说唱方式，说了些什么很难听清，但它所传达的情绪我还是颇能理解的。如今我们的城市里充斥着外乡人，他们大多来自农村，在我们的生活中扮演着非常重要的角色。很多城里人不愿干的脏活、累活、收入低丢面子的活以及危险的活都是他们在干，可我们对此有所意识吗？有所感激吗？我看不见得。由于他们的存在，不仅宠坏了城里人，并且使后者产生了某种莫名其妙的优越，哪怕是再穷困落魄的城里人，说起农民工来都是一副不屑的态度。甚至“农民工”一词现在都变成了骂人话，变成了愚顽不化贫贱粗野的代名词。明明是人家在帮助我们，却像人家亏欠了我们，那副盛气凌人的嘴脸实在可恶。

我们的衣食住行哪一样不与外乡人相关呢？反映这城市现代化面貌的高楼大厦、道路桥梁的建设者的主体难道不就是那些“农民工”吗？给我们的生活带来繁华和歌舞升平氛围的酒楼、餐馆、茶社和娱乐场所的服务人员绝大多数难道不就是那些“打工妹”吗？

在我们安家置业的小区里，有外乡人开的裁缝铺，外乡人开的面条摊，回收废品和清扫垃圾的也都不是南京人。最近我装修房子，对此深有体会，与之打交道的工人几乎无一例外都来自外地，安装空调的、安装窗帘的、打家具的、包阳台的，木工、瓦工、水电工一概不是本地人。近来出租车行业政策调整，允许非本市户口的人进入公司，由于开出租的收入锐减，在南京司机纷纷退出的同时外地司机踊跃入行。说句不中听的话，他们就像是堵枪眼的。由此看来，没有这些外乡人还真不行，没有了他们就玩不转。没有了他们，我们的城市生活就会瘫痪和崩溃。当然也有一种观点，认为这些外乡人抢了城里人的饭碗，但至少就现象而言，他们干的活儿都是我们不愿意干的，或者说是从这些活儿干起的。

虽然人皆有排外心理，皆有某种程度的势利，但这却是需要我们警惕和加以克服的倾向。一个城市的文明程度从根本上说应该不在于它的消费指标、市政建设，甚至也不在它的“文化”，而在于人心。对外乡人和来此工作的人的理解、尊重和感激即反映了人心的一种面貌。反之，如果我们不理解、不尊重外来务工者，对他们的工作和辛劳视而不见、毫无感激之情和公正之心，必定会滋生出可怕的敌意或仇恨。这种敌意和仇恨有可能导致犯罪。由于个别外来务工人员的犯罪事实，于是我们就更有理由蔑视他们了——这便是恶性循环。所以说我们公正与否，是否有理解力和同情心以及尊重他人的习惯不仅是一个个人修养问题，同时也是一个社会稳定与和谐的大问题。

出入苏州

苏州是个美丽的地方，也是一个美好的地方，虽然历史上免不了战乱频仍，帝王们的遗迹犹在，但在我的印象里它却意味着和平，意味着惬意的生活。都说：上有天堂，下有苏杭，这是一点也不假的。苏州人骨骼清癯、眉清目秀，连吵架都是那么的好听。苏州的美女自不待言，文人才子频出，更是经久不衰。古有唐伯虎，今有苏童、陆文夫、车前子……

我恰好是一个以写作为生的人，结交的苏州人物大多是一些诗人、作家，对于苏州才子的灵敏和不羁颇有体会。比如苏童，常年生活在南京，他的南京话比我讲得还好、还地道、还土。苏童如此热爱说南京话，大约是因为南京方言比较豪迈，甚至粗俗。左派喜欢右派，这也正常。就像我虽然不懂苏州话，但却爱它的柔软缠绵，听上去犹如苏州评弹那么的婉转神秘。还有一位苏州籍的诗人刘立杆，光头、黑皮，穿着时尚，不仅满口南京土话，并且动辄骂骂咧咧。如此形象站在街上拦出租车，连出租车都不敢停。可老刘对文学的那份细腻，对女人和朋友的那份细腻，在圈子里无人可及。如今老刘单身，一个人过日子，竟然把家里拾掇得干干净净，甚至厨房里的酱油瓶都一尘不染，让你不能不感叹他到底是个苏州人。我觉得正是这种粗、细的张力，这种灵敏和不羁之间的和谐使得苏州籍的诗人作家在文坛上独树一帜，乃至大放异彩。

我的朋友小海，非苏州人氏，但他是苏州的女婿。小海十四岁因诗成名，性格倔强、颇不合群，尤其是他的高度近视，给日常生活带来了极大的不便。他来南京上学时我就担心，这模样日后如何才能过上正常的生活？二十年过去了，小海不仅过得很好，而且绝对正常，甚至正常得都有点过分了。娶妻生子、乔迁大屋，在繁忙的工作之余写诗会友，并有所成就。这是因为苏州收留了他，是苏州的女人、苏州的肌体接纳了他，使小海这个“癌细胞”转化成了正常的细胞。如果换在别处，我想象小海这样的个性和情况应该是不堪设想的。可见苏州的怀抱如此的宽容大度、软和得有如催眠。

谈了苏州出来的才子以及进入苏州的人物，以说明我对苏州的印象和感受。任何一个地方的意义，对我而言只是朋友，有了朋友才有意义，或者说通过这些朋友我才能体会到相关的意义。我去过苏州多次，一概是看望朋友或陪伴朋友。苏州的园林、丝绸、檀香扇我就不说了吧，它的虎丘、寒山寺、工业园区和威尼斯般的河道就不说了吧，这些不过是苏州的朋友们生活的一般场景，是他们呼吸的空气。

今年春节以后我又去了一趟苏州，去看望生病的小海，他的眼睛几乎完全失明了。小海告诉我，如今他仍然每天去上班，“晃一下”，但工作已不能胜任了。工资照拿，并且是全额的，生活应不成问题。当时苏州在下雨，看着小海打着一把伞在人行道上摸索前行，虽然步履谨慎，但绝无差错。苏州的街道和美景对小海而言有如黄昏，但他比我这样的明眼人更有把握。想到这一层，我不禁有点感激苏州了。

为何滞留在南京？

南京是一个中庸的城市。它不南不北，位于南北地理分界线淮河一线以南，其方言却属于北方语系。作为一个土生土长的南京人，往北走一千公里，当地的话肯定是听得懂的。但往南走一百公里，竟然就语言不通了。它是地理上的南方，以前发放取暖费的年代南京不在其列，并且习惯上南京人冬天也不在室内生火。因此有人说南京的夏天热得可怕，我却以为南京冬天的冷那才是世间罕有，房间里毛巾冻得发硬，更别提人了。

它不大不小，既不像北京、上海那样的大都市大得丧失人性，也没有次一级的地方城市那种心理上的自卑。虽说南京仍在加速的扩张中，但新建的城区还没有进入我关于南京的概念。我位于“老城”东南角上，打车去市中心新街口也就起步价，去再远的地方见朋友也不会超过二十块钱。一帮写作画画的朋友聚会往往选择一个中间地点，无论从城市的哪个方向出发打车都不出四十分钟，车费不超过十五。

南京不土不洋，时尚方面自建国以来从未引领过潮流。以前的北京，后来的广东、深圳，目前的上海，南京总是位居人后，慢半拍，有时候半拍还不止。但它并不是一个恪守传统和自身特色的城市，只是反应不够灵敏、不及时而已。南京是时尚的追随者，而非先知先觉。

南京不古不今。它是六朝古都，名胜古迹遍地，但似乎并不依恃这方面的优势。最为外地人乐道的游览景点中山陵、总统府、雨花台、南京长江大桥乃是民国以降的事物。即使是秦淮河风光带也是近几年刚刚整饬一新的，夫子庙的仿古建筑群大多也是新建的。曾几何时金陵饭店一度成了南京的标志性建筑，南京人降格以求的“好今”可见一斑。

中庸，意味着没有特点，同时也意味着包容性。我认为没有特点正是南京的特点，包容说明它的空洞也说明其虚怀若谷。南京的文学艺术就我看好的那些而言，我以为并不是受惠于地域性的文化氛围的，而恰恰是和虚无的态势有关的。“无中生有”是艺术创造的究竟，太实在、太具体的事物（无论物质或精神的）作为前提则显然是一个妨碍。

南京的确有一路强调地方特色和文化特征的作家、艺术家，有文化遗老或假装的文化遗老，有恋物癖或收藏癖以及在此依恋之上产生的文艺作品，但我以为出息不大。好在南京有足够的“虚怀”、空间能够容纳那些非南京土著的写作者和艺术家。有一个奇怪的现象，在南京有所建树的作家、艺术家中“土著”的比例很小，绝大多数来自苏北、苏南，来自外省。他们的学艺期大多不在南京当地，只不过是一些借住在南京的人而已。南京本土的文化氛围对他们的成长、成熟基本无用。就是那些出生于南京的为人所知的作家、艺术家也大多有漫长的在外游历的历史。更有一些人在南京成名后，便自兹而去。总之，南京不太像一个强大的文化堡垒，倒像是一个自由的文艺码头，一些志在千里的人物出入其间。

但他们为什么喜欢滞留于南京呢？我认为不因为这里的文化底蕴深厚或者艺术气氛浓烈，而是相反，南京是一个精神上的虚无之地，较少偏执，散漫、迟钝，略显平庸，给有为的作家、艺术家们预留了空间，减少了风气带来的羁绊。当然更重要的还是南京的暧昧、不极端所带来的不紧不慢、得过且过的日常生活，滋养了我们的作家和艺术家。

成都行

国庆大假，和文武贝、外外去了成都。成都八十万人出城，在周边的景点游荡，把一座空城留给了我们，好不惬意。好在我要见的狐朋狗友都在。何小竹正在闭关赶一部书稿，他对我说：“你来了，我还闭什么关呢？”真是温暖人心。翟永明也于国庆前夕从意大利赶回成都，时差还没倒过来就开着车来机场接我们了。在成都头尾六天，无非是吃饭、喝茶、泡酒吧、逛马路，和一帮写作搞艺术的朋友相处，看似和南京并无两样，可的确有什么不同。临别时外外说出了如下惊人之语：“以后我要死在成都！”他是第一次来，说法虽然夸张却不无道理。

一天我们去了华阳何小竹刚装修的房子，顶楼，两百多平米，附带一个很大的屋顶花园，车程距成都市中心半小时不到。小竹是2003年买的这房，一千五一个平米，据说现在涨了，也才两千多。整个小区环境犹如森林，到处是树木、藤蔓，宽阔的草地直到河边。要是在南京一千五一个平米无疑是做梦，就是走出南京，走到天上也没有这样价格和环境的房子。这就是不同。小竹无固定职业，靠写副刊为生，老婆不上班，女儿今年刚考上大学。虽说他是一个极有责任心的男人，但如果在南京恐怕会沦落到吃低保的份上。可在成都，这家人不仅吃香喝辣、日子滋润，还住上了这样令人羡慕的大房。

在我的印象中，这些朋友夫妻或是情侣，似乎只有一方工作。是男的工作女的在家还是女的工作男的在家，并无关紧要，反正只要一人工作就能一家过活，两人同时工作则是一种浪费了。比如华秋，在家写作并不挣钱，老婆上班。华秋虽说手头短点，也只是缺少零花钱，但他心安理得、笑容常在，三十三四的人，满脸的笑纹看上去就像是五十岁的老汉。

吉木狼格曾在南京生活过一年，这方面应深有体会。无论在南京还是在成都狼格都没有工作，但在南京显然感觉到了压力。渐渐地，人也变得畏缩和迟钝了。狼格也曾想找个什么工作干干，但你想想，一个四十多岁的男人，还是个彝族，离乡背井的，又没有文凭和专业技能，在南京这么个地方怎么可能找到合适的工作呢？怎么可能混得发达呢？但在成都就不一样了，他不用工作，或者说可以一心一意干自己最擅长的工作——写作。见到狼格时虽然他刚大病初愈，但人的整个状态是那么的放松、自信，和我谈论着他计划中的巨著《名马》，旁边陪伴着美丽、能干的女友。我不禁感慨，成都女孩真的爱艺术，不仅爱艺术她们还爱艺术家，这就更了不起了。

外地的姑娘也爱艺术家、爱诗人，但她们爱的是女艺术家、女诗人。我们一连三个晚上待在翟永明的酒吧白夜里，前两个晚上都碰上了慕名而来的女孩。第一天晚上是武汉的两个女孩，学生气质，清纯可爱。第二天晚上是广州的两个女孩，时髦大方，她们都是慕翟永明之名而来，被外外“接应”到我们桌上。第三个晚上估计也有慕名而来的女孩，但外外已经懒得接应了。作为南京方面的代表，他也被翟姐独特亲切的风度给迷住了，无暇顾及其他了。外外喝了无数啤酒，又是唱歌又是跳舞，真的，在南京时我从来没有见他这么兴奋过。

看来成都不仅是一般的闲散、一般的舒适，它非常适合写作、“搞艺术”的人生存。那种闲暇、那种气氛、那种较少压力的环境、那种不无豁达的人生态度和价值观在今天不说绝无仅有，也是难得一见。

和好

婶婶今年八十二岁，两个姑妈一个七十多，一个也八十了。婶婶和姑妈当年因一些家务矛盾，已经三十多年互无往来了。此次我母亲前往北京，充当中间人，牵线和解成功。当然，这并非我母亲的功劳，婶婶和姑妈们都早已有和解的意向。这意向始于何时？不可考，也许是她们相互隔绝的一年后，也许是十年后或者二十年后。总之双方都一直撑着，不主动“服软”。而在此期间双方的儿女都已长大变老，并且来往频繁。老一辈人则看在眼里，是喜在心头，还是不是滋味？那就不知道了。直到今年，和解一事变得紧迫起来，双方都给我母亲打电话，在电话里她们说：“国共两党都已经和解了，我们到底有什么冤仇啊？要带到棺材里去？”她们这是在说服谁呢？于是我母亲此次入京完成“和平大业”乃是水到渠成的事。

和好，一直是人类情感生活的一个主题。“去和你的兄弟和好！”乃是耶稣的遗教。和好不同于原谅，原谅是被伤害的一方对伤害一方的宽恕、宽容，是勾销债务。和好的案例中则不必然存在伤害和被伤害的因素。就像我的婶婶和姑妈们结怨，完全是因为家庭生活的锅碗瓢盆的磕碰，说不上是谁亏欠了谁。当然每个人都可能站在自己的立场上，认为这里面有得失的分别。但事过境迁，隔着一定的距离就会觉得计较得不值和可笑了。然而人有自我维护的需要，有顾及面子的恶习，因此谁先伸出手去是一个问题。如果这里面真的存在得失，存在伤害和被伤害，和好就更加困难了。所以说原谅比和好更艰难，因为其中需要克服的障碍更大也更真实。但原谅的最高成就是和好，不仅旧账宿怨一笔勾销，并且能够再次重温人类本有的兄弟情谊。以和好的方式原谅和宽恕并非是一般人所能为，但它作为一种至高的精神生活的境界始终感染着我们。可以这样说，真正纯洁的人可将伤害变成和好，而一些可怕的人会将普通的龃龉、误会变成仇恨。

谁都知道和好是动人的、令人感奋的，它是人间所能品尝到的最甜美的事物之一，哪怕是在普通的误会造成的和好中呢。我的朋友 D 是导演，有着特有的职业敏感，当他听说我母亲进京的缘由，不由扼腕叹息。他说："你怎么不早说呢？早说我们就跟着去拍了，几个七八十岁的老太太要在临死前和好，这太有意思啦，拍出来肯定好看！"由于我没有 D 的职业敏感，关于婶婶和姑妈们见面的场面便失去了录像的机会，只有我母亲的转述了。

据说见面的那天婶婶老泪纵横，她老人家说："我已经八十二岁了，一直在等着这一天，这一天终于来了。幸亏我长寿，等到了，但还是来得太晚了！"第二天是"第二代"人见面，婶婶、姑妈们意犹未尽。第三天是"第三代"见面团聚，摆了两三桌酒席。在相聚的那一周里，五个老人（婶婶、两个姑妈、小姑爹、我母亲——"第一代"仅存的五人）谈啊说啊，说了很多，但没有人提及当初的矛盾。在和好的巨大欢乐中当初的过节已经显得无关紧要了。

考古误读

考古发掘现场出土了一具白骨，在白骨的左边有一个贝壳镶嵌的龙的图案，右边有一个贝壳镶嵌的虎的图案。白骨的脚下有一些散乱的贝壳，以及两根人腿胫骨。据碳 14 测定，白骨和贝壳距今都已经有七千年了。专家认为，这是一幅远古的星图。中国人有“左青龙，右白虎”的说法，即是对星空的描绘。白骨脚下的那堆贝壳和两根胫骨象征的乃是北斗星，胫骨是其斗柄。也就是说，墓的主人（那具白骨）的随葬品是一幅星图，是深邃的星空。除此之外他没有任何标志其地位和财富的随葬物品（墓穴四周有四具儿童的骨骸，据说这四个儿童是陪葬的）。墓主人的身份于是令人十分疑惑。你说他是个大人物吧，竟贫寒得连个破罐子破碗（陪葬品）都没有，你说他是个穷人吧，竟然需要整个星空陪葬！其胸怀和胃口即使是秦皇汉武恐怕也难以企及。且不说考古学的成就（那条贝壳镶嵌的龙是迄今为止发现的中国最古老的龙的形象，那幅星图是迄今为止发现的中国最古老的星图），如此的陪葬方式的确使人遐想无尽。

另一部考古纪录片，说的是西汉中山王刘胜墓的发现和挖掘，其墓室规模和陪葬品的奢华令人瞠目结舌。比如说金缕玉衣这玩意儿以前只是史书上有所记载，但人们从未见过实物。这次是首次发现金缕玉衣，并且十分完整。只是有一个问题：这玉衣是空的，并未包裹尸骨。那么，刘胜的尸身究竟埋在哪里？这一难题甚至惊动了郭沫若这样的学术权威，在他的指教下人们在棺椁的底部继续挖掘。一无所获后又在刘胜墓周边的山上勘探寻觅，终于又发现了一座西汉大墓，规模之大和极尽奢华一点也不亚于之前发现的那个墓。然而这里仍没有发现刘胜的尸身，它不过是刘胜妻子的墓。又发现了一具玉衣，和之前发现的那具玉衣一样，也是空的，不见尸骨的踪影。万般无奈之下，专家拆开玉衣的线缕，仔细检视。他们发现了一些牙齿的碎片，准确地说是牙齿的釉质部分。此外还有星点骨头的残渣，再就是红色的枣泥了。这便是玉衣后面的实况，所包裹的尸体已经消融腐化殆尽了。

想想那具“星空”围绕的白骨和这空空如也的玉衣，你会有什么感想呢？人无论富贵或贫贱，伟大或卑微，都难逃一死。人生而平等也许是社会公平的理想，人死而平等却是千真万确和不可变更的事实。赤条条地来也得赤条条地去。那些想维持、想延续生前的权力地位荣耀和财富的人失望了，至死他们都不肯把自己交出去。但，这不由他们说了算。我们出自尘土，并归于尘土。而归于尘土的最好方式就是化为尘土。所以我无条件地赞成如今的殡葬方式火化，无条件地赞成把骨灰撒掉。我们甚至都不需要那幅象征性的星图，直接就可以成为广袤星空和宇宙的一部分、一分子。以化为尘土的方式归于尘土，而让自己消失。

鸡的盲点

每个人都有知识的盲点，因人而异，因时代、环境和所受的教育而异。有时候你觉得是常识的东西，另一个人竟然一无所知，反之亦然。小时候我下放农村，当地就流传着城里人把小麦错认成韭菜的笑话。因此每当走过一片麦地，同学们便会问我："这是韭菜吧？"然而他们却无法想象城里的楼房，认为那是搭着梯子爬上爬下的。如今我们的生活可谓日新月异，在急遽变化之下，那些"落伍"的人中有电脑盲，有电器恐惧症，对科技和时尚的迟钝麻木者大有人在。那么，有没有一种知识是每人都应该具有的呢？比如太阳东升西落，比如面包是小麦做的。有一种全人类的知识或者常识，它是如此的普及、永恒、必要，构成我们存在的基本背景，如果你不知道它那就有所欠缺。除了太阳东升西落，除了面包是小麦做的，这一知识范围能不能再扩大一些？再复杂再精微一些？通过对于鸡的知识的考察我几乎失望了。

我的一个朋友带他的上中学的儿子回老家农村。儿子第一次看见鸡，他提出了一个问题："爸爸，鸡怎么是两条腿的呀？"我的朋友回答说："鸡本来就是两条腿的，你不知道吗？奶奶每次做鸡给你吃，那是几条腿的？”儿子说：“奶奶每次做的鸡都是两条腿的，我还以为她舍不得，只买了一半鸡呢。”

我的另一个朋友，今年差两岁就四十了。他二十多岁的时候我们就认识了，当时他新婚燕尔，新房里立着一只大冰箱。我去的时候他正埋头在一只盆里洗鸡蛋，我问：“你这是干吗？”他说：“鸡蛋太脏了，把它们洗干净好放进冰箱里。”这里就牵扯到常识了，鸡蛋的外壳虽脏（粘有草棍鸡粪）但擦洗之后就不易保存了。十几年过去，这位朋友也离了婚，颠簸的单身生活使他成了男女之道的专家。一天聚会，他竟然大放厥词，说公鸡是没有生殖系统的。不像开玩笑，我的朋友很认真。于是我就问：“公鸡没有生殖系统，那母鸡下的蛋怎么能孵出小鸡来呢？”我的朋友有一套深奥的极其知识分子的解释：公鸡虽没有生殖系统，但它会激活母鸡。它跳上后者的背，猛啄母鸡的头，而母鸡是雌雄同体的。在刺激之下母鸡便开始孕育鸡蛋，直到把鸡蛋生下来。他的这番言论遭到在场朋友的一致反对，其中声音最大的是一个今年差一岁就三十的朋友。看到年轻的一代竟然也有懂得“鸡之道”的，我不免略感安慰。可他说：“没有公鸡，母鸡怎么可能下蛋呢？”“且慢——”我说：“你的意思是没有公鸡母鸡就不能下蛋了？”他说：“那还用说！”原来，他的知识也有盲点。那天，我不得不把有关公鸡母鸡以及鸡下蛋的事解释了一遍。没有公鸡母鸡是照样下蛋的，只是，那蛋孵不出小鸡。而经过公鸡受精的母鸡所下的蛋才能孵出小鸡，公鸡之于母鸡的作用绝不是“激活”，而是受精，它肯定是有生殖系统的。母鸡也绝非雌雄同体，它肯定是雌的。

无独有偶，我看过一篇文章，说西方国家有些人终身都无缘见识鸡蛋。在超市里出售的鸡蛋早已去壳，并且蛋黄和蛋清是分开装在容器里卖的。看来，关于鸡的知识正远离我们——虽然肯德基遍地，禽流感肆虐。若有一天有人告诉我，鸡是一种植物，鸡蛋是一种树的果子，我大概不会感到奇怪。

人生蜕变

M三十岁以前是诗人，他的那些质朴伤感而富于歌谣色彩的诗至今仍无人可以模仿。三十岁以后M下海做生意。在他出版的唯一的一本诗集的序言里M坦诚道，以前，他是准备做一个诗人度过自己的一生的，现在看来作为诗人的一生已经结束，他开始学习做一个商人。M经商一如他写诗，可谓一帆风顺，十多年以后他已经做到了某大公司副总裁的位置。今年M四十三岁，正值年富力强，但在他的神情中却无踌躇满志之色，倒是有了几分怠倦的意思。我趁机鼓动他说：过些年你可以去拍电影嘛，就算从五十岁开始，拍到七十岁，那也可以拍二十年啊。这样你就可以过三辈子了，诗人、商人、导演……

M哼哼哈哈，未置可否。没想到这个月传来消息，M辞职了。M辞职在行业内引起的震动不说，其原因却让人百思不解。M在公司内的位置很稳固，所以不存在受人排挤的因素。此外，脱离原来的公司后M虽然到了另一个公司任总裁，但这个公司比原先的公司小了许多，几乎不可同日而语。和M通电话的时候，他告诉我，辞职后原先公司每年发送的股票也就放弃了，这些股票如果他干到六十岁的话能值几千万。这一损失不可谓不小。如果从经济利益的角度考虑，M 此举肯定是得不偿失的。辞职前，也有好心的朋友劝 M 找人算命，抽签看相算卦什么的。M 坚持没有这样做，他说：我需要的恰恰是前途莫测，从安全的角度劝阻我显然无济于事。这便是 M 的逻辑。

所以说，人生的抉择往往原因复杂，并非趋利避害所能概括的。有时人去一个地方是为了离开另一个地方，有时，人决意离开也并非由于祸患，而是过于安乐了。M 的故事说明了这一点，他辞职的动因也许只是为了离开，而前往另一个公司不过是一个借口，或者说是一个过渡。他离开了那个让他高枕无忧的环境，并因高枕无忧而离开。按 M 自己的话说：在原来的公司我可以看见自己寿终正寝。M 觉得没有比这个更可怕的了。

在新的公司里 M 的前途将如何呢？我想如果干得好，可以开创一番业绩。如果干不好也可以就此退下来。M 可以去拍电影，也可以去干别的什么，从五十岁到七十岁还有二十年的时间。我在想，也许有人可以实践这样的一种人生（也许不是 M），犹如桑蚕一样，从蚕到蛹再到飞蛾。“春蚕到死丝方尽”是一个尽力而为的象征，但我觉得更好的象征是从蚕到蛹到飞蛾的人生蜕变。无论如何，这是更有魅力的一种活法。在精神领域，蜕变也暗示了人生的方向，不仅勇于从所从事的职业或专业中抽身而出，甚至从你的整个生活和生命中毅然出走，去寻找新天地。

收藏

Y最近搞起了收藏。在搞收藏以前Y的状态不免令人担忧，他没有固定工作，单身，年纪也四十老几了。以前Y还可以借酒浇愁，但近年来添了些不能喝酒的病。见到Y时他神思恍惚，很有点委靡不振的意思。其间Y回了一趟上海，去看望父母，回南京后竟然开始以收藏家自居。Y的父母是老军人，节庆或纪念日部队里经常会发一些纪念章。Y所谓的“收藏”就是将父母多年来积攒的纪念章罗致一处，然后带回南京。所以说，纪念章是Y的主要藏品，也是他收藏的主攻方向。自然Y不满足于此，他也想收一些古董字画之类的值钱的东西。但Y没有钱，因此只能向朋友熟人去讨。如今Y的口头禅是：“什么时候去你家看看啊，看看有什么东西可以让我收藏一把的？”他的这些朋友熟人家里多半是有一些“东西”的，平时也不怎么在意，如果Y不是以收藏的名义索要，给了也就给了。可Y是搞收藏啊，经其提醒，那些破破烂烂原本可有可无的东西于是变得金贵起来。Y一无所获，但他还是愿意上门，东看西瞅、摸摸弄弄，这本身就是一种乐趣。在你的眼皮底下，Y会打开你的抽屉，拉开你家壁橱的门，也不完全打开或者拉开，因为那毕竟是不合适的。Y 探索的目光投向抽屉或壁橱黑洞洞的深处，然后再将抽屉轻轻合上，壁橱的门带上。他的神态像极了电影里的侦探特工。终于有一天 Y 对我们说："我还真收到了一点好东西。"让我们去他家里看。Y 拿出一轴画，展开，我的天啦，竟然是《清明上河图》！这轴画污迹斑斑的，霉味扑鼻，纸张发黄，纸质却很硬。还有一个特点就是全无颜色。我们在灯下仔细一看，赫然是复印的——甚至连印刷品都不是，是印刷品的复印件，贴在一张硬挺挺的黄纸上。Y 谦虚地说："我也不辨真伪，所以才让你们来看看。"还说："我也知道不太可能是真迹，但要说是复印的也太搞笑了吧？"这家伙连印刷还是"手工"的都看不出来，你说还玩什么字画呢？

不说 Y 的失误，收藏的确给 Y 带来了新生。他再也不那么委靡了，甚至连那不能喝酒的病也不怎么犯了，甚至，朋友聚会时也能喝上两口了。他的收藏给大家带来了话题，也带来了乐趣。按 Y 的话说，他现在是有追求的人，人生有了目标和方向。这到底是怎么一回事？我不免思考再三。无论如何，收藏也是一种恋物的表现，也是一种依恋。但你并不能因此笑话 Y。除了我们没见过的圣人，生活中谁没有依恋的需要呢？有恋异性的，有恋毒品的，更有恋金钱、权力和名声的。可以说这世上没有任何一人不是恋着某种东西。在所有的依恋中，可能收藏最不具有伤害性，同时又能达到痴迷的深度。也许它对收藏者有害，但对别人就算有害也应该是间接的。一种既能满足我们的依恋本能同时又不伤及无辜的东西总是好的。

积习难改

偶然看电视，有一个外国的真人秀节目，说的是“换妻”。此“换妻”非彼“换妻”，乃是两个家庭的女主人分别换到对方家庭里生活一段。按规定，她是独处一室的，除此之外要履行原女主人的一切职责。前一周，她必须按照这个家庭原来的规章习惯行事，一周后才有权实行“新政”，这个家庭得按照她的规章行事。“换妻”的结果可谓怨声载道，代理女主人无不对原有家庭的规章习惯愤怒不已，觉得完全不可理喻，而此家庭（从男主人到子女）对代理女主人也无不觉得难以忍受，视为眼中钉。无一例外。比如一个农场场主的妻子和一个艺术家的妻子对换，农场场主的妻子极其厌恶艺术家家里的肮脏以及邋遢的习惯，而且，她不明白艺术家房子的门前为什么不悬挂美国国旗。而那艺术家的妻子则觉得农场场主家门前挂着美国国旗实在是倒尽胃口。实行“新政”的那天，镜头对切，艺术家房子的门前升起美国国旗，而农场主家的门前美国国旗则缓缓降下。还有动物保护主义者家庭的妻子和以打猎为乐的家庭的妻子对换，素食主义者的妻子和尽享口福的家庭的妻子对换，富翁贵族的妻子和贫民穷人的妻子对换……“换妻”结束，妻子们回归原来的家庭，那久别重逢的场面实在令人感慨，就像是终于脱离了苦海，或者大难不死，性命失而复得。在其后的见面总结会上，虽然双方都尽量克制，力图表现出应有的风度，但说着说着就不免恶语相加。我想他们彼此都在发誓，就此别过后老死不再往来了。

可见，人的生活方式和习惯是多么的不同，一旦形成后又多么难以改变。我们都生长于不同的家庭、社会背景，要走到一起，在一个屋檐下生活真是一件不容易的事。生活是具体的，观念、社会地位、价值取向、经济收入等等大的差异不论，就是那些小习惯、小细节就要了人的命，就构成双方生活实际而无所不在的障碍。从原则上说，人总是要脱离原有的家庭、背景而和另一个家庭、背景出来的人结合的，但他们的结合点又在何处呢？我们说爱情犹如火焰，在它的高温下可融化一些原有的方式、习惯甚至观念，使结合之事成为可能。但这毕竟不是榫铆的结合，不是宜家家具可以任意拆装的预制结构，改变是必然的。现在流行一句话，叫做“磨合”，“磨合”的意思就是互相改变、妥协，以求达成大致的适应。当然，在实际的生活中，有些人改变得较多，有些人改变较少，有些人善于改变，而有些人难以改变，有些人勇于改变，而有些人不愿改变。我觉得尽力改变自己而尊重对方“不变”的人是可取的，如果双方都这么想、这么努力，结合就成为一件可能的事。相反，如果都指望对方改变而坚持自己不变，结合就成为奢望了。也有的结合是一方不变，而以另一方的委曲求全为代价，应该说这样的结合是畸形的，无幸福可言。我就见过这么一个老人，六十多岁了，在自己的家里竟然手足无措，就像待在别人的家里。这真是悲惨的一幕。家呀，它应该是这样的一个地方，使人放松、自在，无拘无束，它容忍家庭成员的习惯嗜好，甚至“怪癖”。否则要它又有何用？结合又是为了什么？当爱情的烈焰转为文火时宽容温暖才能带给我们新的前景。

人到中年

过了元旦，我就 45 岁了，地地道道的中年人，再不可躲躲闪闪了。虽然按照联合国教科文组织的标准，还有一年“青年”好过，但咱们也不能那么的死皮赖脸呵。是做一个“老青年”呢？还是做一个“年轻的中年人”？我决定选择后者。

中年意味着什么？首先是生理方面的衰退。其实，衰退早就开始了，只是我们没有反应过来，意识不到。到了这会儿，才稍稍有了一点感觉。我的一些朋友突然间就查出了毛病，什么高血压、高血脂、心动过速、脂肪肝、颈椎增生、腰椎间盘突出，甚至有的还得了糖尿病、前列腺炎。我的身体还算健康，诸病皆无，但掉了一颗牙，白了几根胡子，头也秃了，这些都免不了。这些便是老之将至的信号，或者把它们当成人到中年的标志，也是可以的。

其次，中年意味着智力的成熟。与生理有关的智力部分，比如记忆力自然是江河日下，不在此列。但和社会生活相关的智力部分，比如待人接物、对人生命运的洞察、某种和经验有关的综合能力，也只有到了中年才发育或发展到巅峰。如果说人是社会动物，这种智力的成熟就尤为重要。接下来的便是责任。实际上，我认为中年面临的最重要的问题就是责任。

对国家、民族的责任就不说了，题目太大，但对他人的责任却是实打实的。人到中年，所谓“上有老，下有小”，这不是责任又是什么？国家、民族也许过于抽象，但对子女家人你岂能不负责呢？除非你拒绝过世俗生活，否则的话无论身处什么样的社会阶层，中年都是最值得依靠的。对国家而言，中年人是“祖国的栋梁”，对家庭而言，中年人就是“家里的顶梁柱”。这份责任，于情于理于能力于心愿都是逃脱不掉的，真是“舍我其谁”啊！所以说，中年基本上是为别人活的。青少年时代，我们仰仗父母，进入老年以后儿女成家立业，我们也就歇息下来。唯有中年，你必须挺住，那份操心，那份累呀，怎么说也不为过。

中年的智力成熟，导致了发展的可能。这发展是对所谓的事业但根本上是对阶级晋升而言的。如果人到中年你还没有找准方向，这一辈子可能就没有希望了。即使你已踏上了“持续发展”的道路，维持现状并向更高的社会阶层努力，也是很关键的时段。一时的不慎或者怠懈不免会全盘皆输。真是不进则退，“沉舟侧畔千帆过，枯树前头万木春”。在这个崇尚竞争和个人实现的时代里，人到中年必须全力以赴，就是搭上老本性命也都在所不惜。

我很羡慕我的一个朋友，四十多岁，女儿已经大学毕业了，自己正准备着手退休，对个人的“发展”亦无欲无求。他贡献过了，努力过了，该享清福了，提前进入了“老年”。当我的这个朋友操心受累的日子我在干什么呢？正逍遥自在，享受并尽量延长着“青年”。可见人生的节律是不同的。如果说肩负责任的“中年”是人生的一个必然阶段，接受并进入它不过是早晚的事。因此2006年对我来说将是这样的一年：承担责任、服从必然，在新的人生阶段里考验自己。

艺术或经济生活的新动向

据说房地产不行了，股票交易也不行了，如今大量的资金进入了艺术品市场——这是一个新动向。什么叫做“不行了”呢？意思是无钱可赚了，或者赚得不多了，无暴利可言，因而满足不了人们的投机心理。倒买倒卖，投机倒把，一本万利，资产的迅速积累、迅速地富裕和暴发如今瞄准了艺术品市场，我们的艺术家有福了。

前几天外地来了一个朋友，参加荣宝斋在南京的一个拍卖会，其间我领他去了一个画国画的朋友那里，看画谈艺术。这个画国画的朋友家里这两天人满为患，我们去的那天，他已经接待了三批客人。画国画的朋友对外地的朋友说：“留下电话，生意上的事还是电话里说吧。”然后稍坐了一会儿，我们就告辞了。直到这时我仍然没有任何敏感，对那位外地来的朋友突然造访南京仍然迷惑不解。你说大夏天的，千里迢迢的，只是为了参加一个拍卖会、看几张山水画，这又是何苦呢？回到冷气充足的宾馆里坐定，外地的朋友这才向我说起“天下大势”。他这两年的确发了财，我也知道他在做生意，但始终不明白他在做什么生意，以至于能这样迅速地致富。经他一说，我全明白了，只是感叹自己过于迟钝。关于艺术品市场，在我这里可是一个盲点，但这只眼睛一旦睁开，各种资讯便汹涌而入了。

就在荣宝斋拍卖会的同时，南京正在举行一个全国性的艺术三年展，报纸上说所有的展览作品都被订购一空，新闻中还提到了我的一个画油画的朋友的名字，说他的四张画第一天就被一个香港人悉数买走了。我的这个朋友非常穷，穷了这么多年，真的为他高兴。

然后我又听说了一个书商的抱怨，说是做书的生意再发也发不到哪里去。他反问一个朋友说："你听说过有做书的生意盖大楼的吗？"他的意思是书生意无论做得怎么好，也无财力盖一栋大楼。在做书生意的同仁中他应该是非常成功的，买了好几处房子，还有别墅，甚至买了一栋大厦的整整一层用于办公。但那只是一层，离一栋大楼还差得很远。这个成功的书商直言不讳地说："我选错了行！"联想到艺术品市场的火爆，此时此地他的感慨应该是有所指的。

然后一个在美术院校当老师的朋友告诉我，他的两个学生几乎同时自海外打电话给他，问国内做艺术策展人的情况。这两个学生都很年轻，并且都是女性，学的都是艺术专业，如今的就业选择瞄准了艺术策展人，立志回国做艺术品的生意。看来，艺术品市场当真火了，就连海外赤子也听说了有关的讯息，心潮难平。

然后我又遇上了一个好心的朋友，向我提出一个好心的建议，他让我也去倒卖艺术品。原话是这样的："你画画的朋友那么多，这些都是资源，不利用白不利用。"我说我很穷，无本做这样的生意。好心的朋友说："正因为你穷，这是一个机会。"他的具体建议如下，让我去为那些画画的人写评论。为他们写评论但不收报酬，并且安排好发表评论的渠道（好心的朋友认为这是我之所长）。然后，向他们要画。好心的朋友说："画在他们只要没卖出去就不值钱，多的是，而评论画的文章在你是小菜一碟，在他们、他们那个圈子里却是千难万难，没有人能写好的。这是一项公平的交换，你一定要自信，别老是以为欠了人家的。这样，你就可以无本地收到很多画，倒手出去不就发财了？"我答应考虑考虑。

然后我又听说由于画画的行情看涨，写艺术评论的名家价格也上扬了，一篇四五千字的评论卖到两、三万元不等，有的能高达十万以上。好心的朋友说："你就是卖评论不倒画也能致富啊！"

然后我又听说，那些当年一窝蜂去搞装置的人有点后悔了，他们后悔当初没有坚持架上。因为如今的艺术品市场以国内的购买收藏为主，说点难听的，那些倒卖艺术品的老板比较土，认名家、认架上、认字画，装置之类的自然要靠后站了。

然后一天我碰见了毛焰，他告诉我，那张以我为模特的画《我的诗人》最近有老板追踪其下落。毛焰说早就卖到美国去了，老板问能不能联系上当初的买家，他愿意以十万美金的价格买回头。于是我就说了："也不要让他买回头了，就把我本人卖给他得了，需要倒卖或展览时我出场就是，往那儿一站，看看值不值十万美金。"毛焰说："恐怕不值。"

《红楼梦》到底写了些什么？

《红楼梦》是古典名著，名声之大是其他名著——无论古典还是当代的都无法企及的。有专门的“红学”，专门的研究会以及专家学者，专门吃这碗饭的人。说《红楼梦》养活了一堆知识分子一点也不为过。我是写小说的，常听见有人说，不读《红楼梦》，怎么写小说呢？其实我早在青春期的时候就已经读过这本书，但由于逆反的心理作祟，总是不愿提及这件惭愧的往事。说读《红楼梦》令我惭愧是有原因的，当年我读《红楼梦》并没有“红学”的高度，也没有把它当做写作的必修课程，而是光拣其中有“色彩”的片段读。《红楼梦》在那个禁欲的荒芜的时代里对我的刺激犹如一部三级片，当真是“淫者从中见淫”。准确地说那是饥饿者的阅读，自然并非是针对文学营养的饥饿。

其后，总算长大懂了一些道理，自己又爱好文学，并且还想写作。但那时翻译作品甚嚣尘上，不仅各具魅力，亦能满足我等窥探人生隐秘情节的需要。当真是“形上”“形下”两个极端上皆有收获，这《红楼梦》不读也罢。只是耳边仍常刮过专家学者的絮叨，有时声音颇大，不可佯装不知。考据一派热烈地讨论作者曹雪芹到底是何方人氏，甚至有无其人，故事到底发生在南京抑或北京，以及书中到底写了多少有名有姓的人物……另有一派则不屑于这些鸡毛蒜皮的小事，他们关心的是微言大义，并夹以现代西方学理的理论名词，怪吓人的。什么阶级斗争，什么宏大叙事，什么历史的镜子，作者如何的知识分子博学多闻、人文精神悲悯情怀……恕我不是这一路人，他们的说法是学不周全的。但《红楼梦》到底写了些什么？并没有人告诉我。

最近我有闲暇再读《红楼梦》,不免吓了一跳,倒不是被镇住了，而是“原来是这么一回事呵，与传说中的如此不同，倒与我等的写作颇为契合。”且听我说：

1,《红楼梦》写的是男女关系，男女感情，有一点“三角”的意思，也许还不止一点。

2,《红楼梦》写的是一堆少男少女，年纪十五六岁，或者十七八岁，准确地说是一个少男、一堆少女。

3,《红楼梦》基本上就是写一个少男混在一堆少女里面，情况甚是特别。

4,《红楼梦》写的绝对不是社会的主流生活，它边缘得厉害、特殊得厉害。特殊的环境以及特殊的人群，造就了一个特殊甚至变态（无贬义）的男主人公。

5,《红楼梦》写的绝对是日常生活，简直太日常了，只不过不是你我的日常生活。

6,《红楼梦》的写法绝对是“流水账”，简直太流水账了，其中的戏剧性冲突也是流水账的题中应有之意。至于神佛僧道之类不过是一些点缀。

7,《红楼梦》的“现实主义”也绝非是虚拟实境，它绝对和作者的个人经验息息相关。

8，小结一下。《红楼梦》是一部从个人经验出发的，以少男少女的情感纠葛为主线的，描写了一些特殊人群的特殊的日常生活的小说。塑造了如贾宝玉这样的可一不可再的边缘人物。叙述方式是流水账式的有板有眼。

《红楼梦》到底是一本怎样的书？

一篇读《红楼梦》的心得，被新浪的编辑挂到首页，于是引来一帮骂架的，很有点人神共愤的意思。那篇读书心得的题目是《〈红楼梦〉到底说了些什么？》，今天我的题目是：《红楼梦》到底是一部怎样的书？显然，在一些人那里它已不再是一部可以自由阅读的小说，而是一部需要被供奉起来的圣书。否则，又何至于如此？

一部小说被取消了自由阅读的可能，只允许焚香礼敬，实在是小说之死。道理不言自明。但这自明的道理竟然弄得鲜为人知，的确有点反常。当然，在我们的文化中，这也算不得是什么稀罕的事，被供着的牌位不独有《红楼梦》，譬如还有鲁迅。但凡是好点的东西就被供奉起来，点上灯烛、跪拜如仪，活佛也变成泥塑木雕啦。好东西本来就不多，一个个地各就其位，俯瞰着这虔诚的人间。当真是仰之弥高、自惭形秽呀。能量于是被形态锁闭，营养被拒绝吸收。自己不吸收也没有什么，还反对别人吸收。中国人有一句老话，叫敬而远之。敬是做给别人看的，远才是实质要害。说《红楼梦》、鲁迅死于他们的经典地位是一点也不为过的。如果说我反对什么，反对的仅仅是这符号化、神圣化的扼杀。无论《红楼梦》还是鲁迅都应该回到具体的人间的阅读。多么简单的一件事，竟然死活也说不通！

什么是具体的人间的阅读？就是，你是一个读者，《红楼梦》是一部小说，抛开别人的说三道四，抛开成见或者所谓的文化积淀，抛开权威或者乱七八糟的红学研究，把《红楼梦》当成一本首次印刷的书，把曹雪芹当成一个和你我一样的人，最好是一个活人，就这么一对一地阅读，看看会有什么感觉、感受、心得。看看会发生什么事。我相信，无论发生什么事，天都塌不下来的。无论有什么样的感觉、感受和心得，都是值得珍视收藏的。

考据、索隐、深挖微言大义，都是允许的，我们也见惯不惊。但为什么，把《红楼梦》当成一部文学作品来阅读，当成小说来阅读反倒说不过去了呢？且莫忘记，《红楼梦》本来就是一本小说呵，其他方面的成就再高、暗藏的机关再多，和其文学意义相比都是其次、再其次的。《红楼梦》可不是藏宝图，它的光辉灿烂、它的价值首先体现在直接的表述中。所有讲解、描绘《红楼梦》的书所引发的对《红楼梦》的兴趣都是可疑的。无独有偶，老外其实也很喜欢玩这套把戏，比如对《蒙娜丽莎》的过度研究、勘察和窥探，已演绎成了某种流行文化。但它毕竟是流行文化，不可能取代艺术的鉴赏和批评。但在我们这里却不尽然……

回到《红楼梦》，回到《红楼梦》是一本怎样的书，它是藏宝图？是谜语集？是教科书？是百科全书？抑或是阶级斗争的指南？刻花描金的牌位？或者，它仅仅是一本小说，一本奇异的文学作品？一切由你而定。

重读《百年孤独》

最近有机会重读马尔克斯的长篇小说《百年孤独》，感慨良多。实际上，早在二十多年前我就读了此书，当时感觉非常的兴奋。后来撂在一边没再捡起，一是因为值得一读的翻译文学太多，目不暇接，二是《百年孤独》在文学圈中声誉日盛，几乎成了一部无法亲近的"圣书"。当初清新的阅读印象已经淡漠，代之以一些庞大而不知所云的概念。比如有人评论说："《百年孤独》完美地描述了人类'儿童状态'对于恐怖与无助的无意识。"你能明白他说的是什么吗？不仅《百年孤独》，像《红楼梦》，像鲁迅不多的小说作品全都蒙上了一层神圣而化学的迷雾，作为被阅读的作品也只能到此止步了。所以也许有必要声明，我的重读心得或者读后感完全是个人的作为一个写小说的偶然的有感而发。

首先，与某种重大的正经的印象不同，我觉得《百年孤独》是一本极其快活的书，没错，就是这个词：快活。它不仅令我阅读时产生快活的感受，甚至我也能感觉到马尔克斯写作它时的那种快活。快活而不是兴奋或者亢奋，后者的情绪浓度要更高一些，不免与紧张相伴。马尔克斯拙劣的模仿者们是兴奋或者亢奋的，但作品中绝无那种快活的松弛。快活与愉悦也不是一回事，后者的情绪浓度要低一些,比较内敛。所谓“智性写作”中的机锋、反讽可能是愉悦的，但却无法达到马尔克斯式的快活的质朴与坦率。因此，我有理由认为《百年孤独》是一部成功的游戏之作，它不是智力游戏，也不是文字游戏，而是更为宽广的以生活为蓝本的文学游戏。希望体会快活这种对生活的情感及认识的人不妨去读一读《百年孤独》这本书。

其次，与复杂、堆砌的印象不同，我觉得《百年孤独》是一本简单而直接的书。全篇几乎都是概述，都是略写，看上去就像另一本真正有野心的巨著的梗概纲要。虽说涉及面较广，遣词造句也比较花哨，但其语言方式绝对是线性的，并且它不停留、一意孤行，舍弃和“遗漏”在所不惜。《百年孤独》的速度惊人，二十七万字、七代人的命运生死，不经意间就过了百年。这与马尔克斯的那些守财奴式的模仿者非常不同，后者见好就上，顺竿就爬，敛聚、渲染，语言的晦涩滞重犹如一个大拖把，把稿纸涂抹得灰暗一团。如果说马尔克斯是一个腾云驾雾的飞行家，那他的那些模仿者就是在泥淖中打滚挣扎的野蛮人了。所以说马尔克斯的“魔幻”、“现实”绝不同于我们所谓的“民间传说”和“寻根文化”。这在语言和叙事方式上不免昭然若揭。

第三，与处心积虑和刻意为之的印象不同，我觉得《百年孤独》的寓言方式并非是密码式的，有其确切指向和逻辑的。寓言、神话、传说和民间故事在马尔克斯那里只是一些可供运用和随处抛洒的材料，有如色彩和光线。《百年孤独》所烘托的气氛是寓言式的，但小说本身却并非寓言，只是说了一个故事。这个故事没有既定目标，像故事一样吸引读者跟随而已。马尔克斯说到哪算哪，对前途概不负责，而读者在其叙述的魅力下也同意一块儿冒险。因此，信马由缰是必定的，正是由于作者的这种信马由缰的态度，才可能和读者分享对意想不到的风景的领略。这和马尔克斯拙劣的模仿者又有不同，在此就不赘言了。

最后，如果说《百年孤独》有什么主题，有什么主义，那我认为就是虚无。对人类精神生活虚假的理想和讴歌和这本书是毫不沾边的，这也是我喜欢它的原因之一。

向卡夫卡学习

谈论卡夫卡和向卡夫卡学习写作不太是一回事。谈论他，属于研究和欣赏的范围，向卡夫卡学习写作则应该是另一种思路了。如何向卡夫卡学习？在我看来有两点。

一是学习他的态度。这个态度，就是说他把文学当成了一件什么东西？也就是说他为何而写作，也就是他这个人和写作的关系到底是怎样的。卡夫卡的目的显然不是文学，既不是一篇具体的作品的构成，也不是其写作在文学史上的位置。卡夫卡将写作当成了一种个人克服困境的手段，他试图解决的问题是生而为人。这和以文学为目标的写作是很不相同的，后者关心的是后果，是被认同的可能。而卡夫卡却无暇顾及这些。他属于那种不得不写但不考虑写得如何的人，或者说写得如何不是他首先考虑的事。因此就写作本身而言，卡夫卡是很不自信的，他从未奢望过自己的写作能通过世俗文学的权威审判。最终要求将自己的著作付之一炬可作为这一态度的一个通俗说明。

二是学习卡夫卡的方式。他的态度和他的方式是密切相关的。也就是说卡夫卡写作的动力不取决于某种文学理想，不取决于位于前方的蓝图美景的吸引，而是取决于身后的“非如此不可”，取决于一种“推力”。这种推力就包含在个人的特殊存在那一堆之中。卡夫卡是一个被自我的存在和敏感搅扰得几欲爆炸的人，写作是他的唯一的出路。因此他的写作如此的“原始”、不规范、失控，如此的异常但又如此的真实具有本质性的力量。可以这样说，卡夫卡是一个完全根据潜意识写作的人。关于潜意识在文学写作中的重要性很多优秀的作家都曾敏感地意识到。比如奈保尔认为长篇小说的开头部分往往是不自然和造作的，因为意识过于分明，只有写到一定程度才可能进入潜意识，也就是那种失控和被动的感觉。海明威也告诫初学者，凡你知道的一个字都不要写，只写那些在写作时才出现的东西。马原早在八十年代时就已经说过，潜意识是写作过程追寻的根本。然而，以上这些作家的焦点仍在文学，他们注定要在清醒的文学意识和个人的潜意识之间寻找一种平衡。完全依赖于潜意识甚至潜意识背后的原始存在的则只有卡夫卡一人，他是最为彻底也是最无牵挂的一位。可以冒昧地断言，卡夫卡所有的著作都是习作，都是草稿，它们不仅呈现出习作和草稿的面貌，也是以习作和草稿的方式写成的。未完成稿和随笔片段的方式在卡夫卡那里是题中应有之意。卡夫卡也修改自己的著作，但他绝对不擅长修改以及制作完成稿的方式。卡夫卡是一个草稿和习作作家，草稿和习作在他那里已不是工艺或过程的一部分，而是写作的究竟所在。写作草稿和习作容易，以草稿和习作的方式写作则不是人人所能接受和办到的。所以说卡夫卡进入潜意识和原始存在的方式是决绝和直接的，在这一点上的确无人可及。

阅读卡夫卡而激动不已的人不在少数，刺激神经的我想并非是文学的优美和高级，也非一般性的作品的可读，而是：“原来写作还可以这样！”被卡夫卡所激动的人模糊地意识到卡夫卡的方式，这种方式我认为就是可以没有门槛的贴近个人可能的一种自由书写。它从文学的“最低点”启发了很多人，从此出发可以达到文学之外超越文学的非凡的天地。据说左小祖咒读了卡夫卡后兴奋不已，自己动手也写了一本长篇。我虽未读过祖咒的这本长篇，但自以为能明白他的顿悟。我们能从卡夫卡那里学到什么呢？其实并不是风格、主题、意象之类的东西。我们从他那里学到的，就是无止境地向自己学习。

《价值和文化》及格言

《价值和文化》，维特根斯坦著，黄正东、唐少杰译，清华大学出版社 1987 年 6 月出版。

这是一本随笔格言集，是维特根斯坦的学生赖特从前者 1914 年到 1951 年的笔记中整理出来的。开始整理时赖特曾设想按有关的主题整理，例如“音乐”、“建筑”、“莎士比亚”、“哲学”等，后来他放弃了这一方式，按照年代顺序整理成册。在整理中排除了笔记中的私人性质的部分，使得维特根斯坦的言论针对一些公共的话题，避免了自传的印象以及由此而来的偏狭。

格言和语录式的笔记一向是我爱读的样式。我认为这种样式极为高级，不是一般人所能为的。它要求最深邃的思想底蕴以及最凝练、直指人心的表达，它是沉郁的人生和语言之光的神奇结合。由于它实在光彩夺目，令很多人心驰神往之。动手书写格言的家伙大有人在，但真能达到格言的高度使其发出恒久光辉的实在是少之又少。搞不好的话反而会弄巧成拙、自取其辱。我们见过很多由作者本人动手整理、撰写的格言和语录集，往往免不了造作、自恋和拙劣的印象。也许一开始这些人就错了，格言并不是自己所能为的，并不能为了格言而格言。格言是光芒焦点所在，在这之后之下有庞大坚实的体积支撑。作为一个思考者和书写者的本分只能作用于这个“体积”。比如记录孔子言论的《论语》并非由孔子本人撰写，薇依的《重负与神恩》亦是她的故人从其笔记中整理编辑的，卡夫卡的笔记就更不用说。流传于世的由作者本人撰写汇编的格言语录集极个别的除外，绝大多数都属于二三流的货色。

为什么格言具有这样独特的魅力呢？因为它不是理论方式的说教，也不像诗歌那样偏重于语言的光华。格言，绝对言之有物，但它绝对又是“言”。它只是结论，忽略了大多的推导过程，藐视衔接的必要。光秃秃的一两句耐人寻味的话，你要么立刻明白（有所感悟），要么永不明白。并且一旦明白你就能牢记不忘。它引起的是共鸣、唤起的是记忆，是早已存在在你那里的东西，也许十分含混难以言表。格言有如光线，瞬间照亮了你的心中之城或一个角落。它作用的方式绝对不是说服的、诱导的、煽动的、逼迫的。我喜欢读格言，就是喜欢阅读时的这种类似于“当下顿悟”的感受。

在读《价值和文化》时也这样，维特根斯坦的哲学声誉和研究方向并不重要，重要的是他的那些妙语机锋，常常触动我的神经。还是摘录一些吧，如下——

我也许会说：假如我非得依靠梯子才能到达我要去的地方，我就会放弃去那儿的念头，因为我必须去的地方是我现在站立的地方。

宗教的疯狂产生于非宗教的疯狂。

在哲学上，竞赛的获胜者是跑得最慢的人，或者，最后达到终点的人。

没有人能讲出真理；如果他仍然把握不住自己。他不能讲出真理；——但不是因为他不够聪明。

实际上，正如熟睡和浅睡之间存在着差异一样，存在着深刻显现的思想和表面喧闹的思想。

言词是行动。

只有非常不幸的人才有怜悯别人的权力。

审美力能做出调节。分娩不是它的事情。

贪图功名是思想的死亡。

幽默不是一种心情，而是一种观察世界的方式。

小说大师的青年时代

我十二分喜欢库切的小说，十分喜欢库切的写作态度，部分、很大部分地喜欢库切的性格气质。《青春》是库切六十二岁时出版的一个长篇，恰好是我所喜欢的这三者的集合。它是一部小说，有着库切小说一贯的严谨和简洁的魅力。据说这部小说有很强的自传性质，说的是一个叫约翰的南非白人青年前往伦敦追寻文学梦想。约翰的年龄和经历和当年库切的情况基本吻合。一个文学青年的梦想和遭遇正是让我尤其感兴趣的地方，尤其是库切这样的一个文学青年，一个我十分佩服的小说大师他的青年时代，这就更有意思了。我总是这么想，库切的小说成就和他的写作态度密切相关，而他的写作态度是根植于某种特殊的性格气质中的。追根溯源，也许我们才能更好地理解库切的小说。

先说《青春》，这真是一本奇书。一部小说，无论它写得如何，若想成立总得借助一点儿什么。或者借助主题的深刻激进，或者借助题材的重大偏门，或者借助故事的离奇曲折，或者借助人物的鲜明古怪。如果以上这些因素都不屑于借助的话，至少也应该在语言上下工夫，在阅读时成为语言的盛宴。或者依赖于情绪，无论愤怒或是油滑，总之得比较极端。再不成的话还有形式结构，错乱和反常亦能达到让人不敢小瞧的效果。可《青春》就其主题而言，实在是非常老套的：青春、离乡背井、孤独、生存之艰辛、现实与梦想的差异及冲突。就其故事情节而言，也实在是平淡无奇：谋生、去公司上班、几个影子般模糊的女人、一些关于文学和艺术（音乐、电影）的阅读片段。实际上《青春》中根本就没有通常的故事，没有戏剧化的冲突，没有或缺少外部动作。贯穿始终的人物也只有一个，其他的人物非常的平面、零星，甚至可有可无。在叙述上，《青春》则是现在时的，从头道来，严格地按照自然时间的线性原则，无任何逾越。也就是说在形式构造方面无任何新意可言。语言方面则那么的平淡、节制，没有表面的光彩。至于情绪，无论是作者还是主人公的都那么的沉闷、克制，绝不高涨也绝不极端，即使是消沉颓丧也没有达到最终引爆的程度。就是这样的一本书，何以能写成十几万字呢？何以能写成一部长篇？又何以能让人爱不释手，在阅读的过程中怦然心跳呢？

可以说《青春》是一部毫无凭借的书，一次真正的不事张扬的文学历险。它与以往的小说经验拉开了极大距离，不是说它跑在前面，或者方向相反，而是完全从另一个起点开始的东西。这个起点就是无中生有。库切触及的这个东西正是原创艺术的真正前提。他是如何达到这一点的呢？我以为不是通过审时度势，通过文学内部的消化再生，而是通过坚持自我认识。让我们回顾《青春》中的主人公约翰，他对传说中的艺术的生活方式如此的向往，但又对自己进入这种方式的适应能力如此怀疑。正是在这种怀疑中，在犹豫不决和徘徊不前中开始了自己孤独无援的文学尝试。很多年过去了，对艺术家生活方式的向往和怀疑最终转化成了对文学的基本态度，库切变得越来越顺应自己了。一个羞怯的、犹疑的、内省的，甚至是软弱、冷淡的人，他的性格气质保证了对文学艺术而言的最必要的诚实。这诚实使这部非凡的小说《青春》得以完成，使我们有机会窥见一个以文学为志愿的青年真切的心路历程。更使我们明白了一个道理，就是消极和被动对于精神生活而言的无上妙用。

拿电影说事的电影

《电影往事》是一部拿电影说事的电影，说的是七十年代一个小地方的梦想成为电影明星的漂亮女人未婚先孕，在舆论的压力下准备逃离故乡，结果被一场电影留住了。在看露天电影的时候这女人突然临盆，生了个漂亮的小姑娘从小也爱看电影。之后，一个顽皮捣蛋的小男孩进入了小姑娘的生活。小男孩也爱看电影。再后来小男孩转学离开了，漂亮的女人嫁给了一个放电影的，小姑娘幸福的童年随之结束。这个新组建的家庭不久添了新成员，小姑娘有了一个弟弟。弟弟懂事后也爱看电影。在一次看电影的时候由于姐姐的大意弟弟摔死了，愤怒的继父于是一巴掌，把小姑娘给扇聋了。小姑娘长成了大姑娘，离家出走，多年来亲人隔绝，又近在咫尺——原来女孩居住的高楼阳台上架了一副望远镜，日以继夜地瞄准着父母生活的平房小院。为缓解父母老年的寂寞，女孩悄悄地把一条小狗送进了小院。结果，在一次意外中小狗被一堆倒下的砖砸死了。而这堆砖是一个送水的乡下少年无意中弄倒的，而这乡下少年正是女孩童年时转学去了外地的伙伴……电影最后在一家康复医院结束，露天电影放映之际，一个历经岁月和磨难的家庭终于团圆，亲情、爱情一并而至，这幸福的时刻不知怎么的让人感到尤其辛酸。

当然《电影往事》不是像我这样叙述的，它的叙述很有技巧，通过倒叙、闪回等等的手法使谜团层层剥开。这部电影有叙述方面的想法，故事也是精心编造了一番的，花了工夫。加上电影这个无处不在的元素，不免将气氛烘托得催人泪下。但你绝不要上它的当，《电影往事》实在和电影无关，既不是针对电影的怀旧，讲述的也非“电影人生”。电影，在这里不过是一个噱头、一个借口或者一个突出的道具。电影在这里是衔接方式，是气氛色彩，总而言之，是“拿电影说事”而已。“向中国电影致敬”有些勉强了吧？“向《天堂电影院》致敬”倒有那么一点意思，因为如此构成的煽情方式的确不是《电影往事》的独创。《电影往事》如果有什么作用目标的话，我以为不过是“命运”二字，它说的是人的命运以及悲欢离合，如果撤去电影这个背景，换上音乐或者诗歌或者其他也是一样的。电影在这里的作用是“缘”而已，缘分的缘，而非事实部分。所以说，《电影往事》是一部“务虚”的电影，而不是现实主义的追求所推崇的那类电影。

一部“务虚”的电影，就不能拿现实生活的逻辑去衡量它。如果加以衡量，自然漏洞百出、无可救药。虽说如此，但《电影往事》中的机缘巧合也太巧了一些。在非现实的逻辑中，造作不怕甚至成为必需，但庸俗却是需要加以警惕的。所谓庸俗在我看来就是老生常谈，就是似曾相识，就是没有新意的懒惰和一味地迎合视听。这些毛病在《电影往事》中都有，但它有一个好处，就是不回避。《电影往事》是一部不避俗的电影，比起那些避俗但实际上庸俗不堪的电影来要好得多。也就是说《电影往事》的起点很低，但结果超乎想象，比起那些起点很高，但结果一塌糊涂的电影来要好得多，也舒服得多。

我总是这样想，我们的导演如果能把目标定位在自己的实际水准之下，拍出来的电影也许就会有意想不到的效果。至少，它是诚实的，比如《电影往事》。可惜的是他们往往野心太大，而能力有限，心有余而力不足，这就难办了。

略写朱文

我和朱文太熟悉了，要写他又是在一千字的篇幅里，真有点不知从何着手。

他学工出身，在电厂烧过锅炉，写小说、写诗，后来辞职，搞“断裂”，风头正健之际却只身去了北京，拍电影，三年后以新锐导演的身份为人所知。总体说来朱文是一个文艺人物，但有一天他做的事情超出文艺的范围我也不会奇怪。这个人的身上蕴含着几乎是无穷的可能性，按朱文自己的话说：“我需要空间。”有多大的空间朱文就能干多大的事情，这是我对他的基本估计。

然而朱文绝不是一般的文艺青年，不是玩票的，无论他干什么都能在极短的时间里迅速地成为行家里手，成为专家。行业或专业的技术难度在他那里只是小菜一碟，朱文总能以最快的速度抵达创造性工作的前沿。他的“改换门庭”绝不是因为黔驴技穷、无以为继，恰恰相反，无论写诗、写小说他都曾经做到了最好（最好，而非最大），不免有些孤独求败的意思。临阵逃脱不是朱文干的事，他的自尊心也不会允许自己这样。时至今日，朱文之所以还在电影圈内逗留，我认为即是因为空间所限他还没有能充分地证明自己。我有一个预言，朱文不会拍一辈子的电影，因为这个行当所能提供的最大可能是无法满足他的智力和精神所需的。可不是吗，据我所知目前他的“触须”已经伸向了建筑和某些“综合艺术”方面。由于商业保密的需要，在此我就不多透露了。

在日常相处中朱文是一个非常有魅力的家伙。这魅力的出处很难说，我认为不在于他智力超群或者见多识广，也不在于他的性感和说话时特有的朱文式的幽默。他的魅力比较综合，构成了某种坚定但包容性很强的态度。我从未见过朱文暴跳如雷，和人恶语相向。即使是在和心怀叵测的评论家们面对面的交锋中，他也始终面带微笑，挖苦中不失调侃，和对方的恼羞成怒形成了极强的反差。他是那种越是遭遇险境越是镇定冷静的人，越是压力陡增越能做到有条不紊。对方若是牛逼烘烘、权势在握，朱文的傲慢和不屑不免原形毕露。但他并不是那种遇强则强的好斗分子，朱文从根子上瞧不上那种文人或泼妇式的相互攻讦（这大概也是他对鲁迅有所保留的原因之一）。付诸暴力也不是朱文所为。我倒是见过一回朱文打架，那是对付街头滋事的小流氓，朱文一招制胜。对付文人朱文自然不会动用拳头，这也表现了他极好的分寸感。

在文学圈内出没多年，朱文引起的反应是很极端的。讨厌他的人讨厌到咬牙切齿，喜欢他的人喜欢到毫无保留。这是因为朱文的为人方式，更重要的当然还是因为他的文字。朱文的文字无论你说好说坏，但只要你读了都不可能没有反应或者反应平平。一位讨厌朱文的评论家曾在文章里说，要把朱文的书从书架上撤下来，以免它散发出的气味污染了那些精装的大师们的世界（大意如此）。一位喜欢朱文的当年的文学青年告诉我，在大学读书时，朱文是他们几个朋友之间的秘密。“你有没有读过朱文？”就像暗号一样，使他们找到彼此并相互确认。

这就是朱文，惹人爱也惹人恨，但他自由地超脱于这一切之外。卓越的创造本能和精神上不知餍足的饥饿感将把朱文带向何方？又将在哪里现身？我们拭目以待。

两条不叫的狗

江湖上有“北狗南狗”的说法。“北狗”是指北京的狗子，“南狗”是指南京的顾前。顾前的名字里虽然没有“狗”,但他是属狗的。这两个人确有很多共同之处。作为写小说的，东西很棒，且趣味相近，对功名利禄又一概看得很淡，因而被主流文坛排斥在外。两个人皆好酒，狗子出版过唯一的一部长篇，叫《一个啤酒主义者的自白》，顾前的新长篇亦取名为《杯酒人生》。

这两个人都是性格柔和之辈，不与人争，甚至懦弱。我总在想，这和他们的早年经历有关。两个人都出身于高干家庭，在家里都排行老小。狗子上面有一个姐姐，顾前上有姐姐、兄长。少年时代生活条件优越，加之受宠，养成了某种随遇而安的习惯。在他们的身上，丝毫不见那些苦孩子出身的人的个人奋斗精神。我有时不免感叹，出身于权力阶层的人如果坏起来那真是坏得出水，如果好起来也会非常纯粹。狗子和顾前应当属于后者。还是那句老话，被爱者才有爱。当然不可爱得过度。

文学因其高雅，说到底是有闲阶级的游戏。从此角度说自然是很符合狗子、顾前们的，他们不仅有“资格”玩文学，并且一玩就会玩得非常纯粹。当文学的功利目的被取消之后，剩下的便是“审美”的需要了。狗子和顾前无论为人为文，其作风都有点儿像纨绔子弟，没有纨绔子弟的傲慢炫耀，更多的是一种懒散无聊。也许说破落更为确切一些。在物质生活方面，他们的确也是一落千丈了。父辈们已经衰老，特权不再，自己又不思进取，从上层的跌落或堕落是必然的结果。只是那颗柔弱的敏感之心尤在，它属于文学。如今的狗子和顾前是地地道道的穷人。狗子四处游荡，靠打短工挣点小钱为生，成了一名流浪汉。顾前辞职在家，靠有限的存款过活。前些时候他和我商量，是否要去民政局申请低保。虽说穷困如此，我想狗子、顾前从来也没有想过通过文学去争取翻身解放。

也许是经历使然，狗子、顾前的小说呈现出一种特别的面貌，从中你既看不见吟风弄月孤芳自赏的矫情，亦不见苦大仇深积极进取的粗鄙。其色调是灰暗而明快的，小人物、边缘生活、琐碎无聊的小事、尴尬自嘲的态度。曾几何时，狗子、顾前已从“审美”转而“审丑”了。但这的的确确是“审丑”，而不是“丑”或表现丑炫耀丑。笔法的朴素洗练、叙述的张弛有道都透露出他们的讲究以及游戏的用心。

如果说狗子和顾前的小说有什么成就可言，应该是源自他们的写作态度的。《一个啤酒主义者的自白》是我迄今读到的中国当代最好的长篇之一。顾前的短篇在江湖上亦被不少人传阅，有人将其誉为“共和国的经典”，置于枕边，百读不厌。但在更大范围内的闻达却也颇成问题。同样，这也是由于他们的态度。契诃夫说：“大狗要叫，小狗也要叫。”可惜的是狗子和顾前这两条狗就是不叫。但民间有一句老话：会叫的狗不咬人，会咬人的狗不叫。既然狗子、顾前是两条会咬人的不叫的狗，我就在这里为他们叫一叫吧。

幸福之道

八九十年代

怀念八十年代成了一种时尚，这至少说明了一件事，就是它真的离我们远去了，摆脱了现实必然的羁绊，成了幻想的对象。它成了牧歌、乌托邦、故事和传奇，成了我们的精神家园和故乡。出身和归宿终于合二为一，这是一个异常完美的圆，令人欣慰。怀念也就罢了，居然还能广而告之，居然可以成为时尚，它反映了怀念者所掌握的社会能量已接近最大值。整整的一代人已成长为祖国的栋梁，他们青春热血的记忆恰恰是与八十年代互相吻合的。老红卫兵们怀念文革，老右派们怀念五六十年代。如今我们的怀念如出一辙，至少在“生理——社会”性层面上完全一致。八十年代是一代人的光荣与梦想，而这代人正值壮年，并在社会生活的各个领域里出人头地，还有什么可说的呢?

对八十年代的怀念集中在它的文化意义。似乎，这是一个理想主义高歌猛进的时代，人文关怀普及，在思想和文艺方面勇于创新。其他方面说不好，但在思想文艺方面，亲历过八十年代的我却认为，它的意义止于启蒙，不过是“启蒙”二字。开放搞活之初，大量西方思潮和书籍的涌入，使一代有为青年在震惊之余起而模仿。

饥不择食、奋勇吸收和外观上粗糙的模仿构成了八十年代思想和文艺活动的景观，也是实质。当年的气氛是喧嚣的，宴席是盛大的，情绪亢奋有余冷静不足。如果用一个词语来形容，那就是“节日”，八十年代是一代人精神解放的集体狂欢。从此意义而非任何实际成果的意义上说，八十年代的确是值得怀念的。

对八十年代的怀念明确指向了对九十年代的批判。在此，九十年代被描绘成了一个功利的缺乏精神追求的时代，务实和保守作风盛行，商业原则统领一切。在思想文艺方面则格局变小、热情锐减，创造因为能量短缺而成为不可能之事。让我说，九十年代的文化或精神生长是扎根于八十年代中的。除非八十年代的先行者们梦断九十年代，到此为止，否则的话九十年代正是结果收获的季节。一个像八十年代这样牛逼烘烘的开端，竟然拥有一个如此萎缩的结局，戛然而止于此，如此的虎头蛇尾，除非这个“头”本来就不是“虎头”。幸而事情并非这样。没错，九十年代的整体氛围不再那么喧嚣、热闹了，也不再那么张扬和群情激奋，它变得收敛、内向，甚至隐约神秘。但我相信九十年代有更多的独行者、更深入冷静的思考。先行者震耳欲聋的足音已被远去的寂静替代，涉足到了某些不为人知的陌生区域。北岛就是一个例子，这位八十年代的头号文化英雄，他的归来不是凭借对以往辉煌的怀念。那本《失败之书》犹如来自遥远海域的求生信号，随后仍然是沉默。

怀念八十年代的喧嚣的人是那些仍然在喧嚣的人。对他们而言，八十年代的确是需要怀念的。对他们而言，“寂寞”的九十年代的确是需要否定的。当年的文化英雄们如今成了大师、大腕、社会名流，俯瞰历经的两个时代当真是人是物非啊！写到此处，我不免想起“有人死了但仍然活着，有人活着但已经死了”的老套说法，颇能说明我的想法。如今“活着”并开口说话的人实际上已经“死”于九十年代，而那些消失于九十年代的人却依然“活”着。关于八九十年代的文化和精神生活的变迁及真相只有从后者那里才能真正得知。

楼上楼下

小时候听人说起共产主义社会，有“楼上楼下，电灯电话”的描绘。如今，这已不是什么稀罕的事。电灯电话的确方便，楼上楼下却不那么美妙。我住了二十几年的楼房，既有楼上也有楼下，和上下楼的邻居只有一层薄薄的楼板相隔，可以说是吃尽了苦头，当然也给邻居们的生活带来了不便，甚至灾祸。

以前我住蓝旗街，那房子当时是新的，却很简陋，地面只抹了一层水泥，收缩以后顺着楼板开裂。我在楼上灌热水瓶，溢出的水就会滴在楼下人家的菜碗里，邻居常在吃饭的时候上楼来提意见。后来我灌热水瓶就只好把它放在桌子上了。下水道系统也很原始，我的马桶常堵，那时候疏通管道行业也不发达。一天深夜我发现马桶里的水渐渐上涨，自个儿疏通了半天仍无济于事，只好拿来一只空罐头瓶子，一瓶一瓶地把水舀出去。先盛入脸盆，再倾倒在水池子里。舀空的马桶还是往上涨水。我就这么在马桶边守了一夜，不断地舀水。如果稍一疏忽，水漫过马桶流到地上，后果不堪设想。那个难熬怪异惊恐且虚无的夜晚呵，至今我仍然记忆犹新。

后来搬家了，地面不止抹了一层水泥，甚至还打了腻子刷了漆，一般而言无渗漏的可能。但你也不能给予过多的信任。一天开动洗衣机洗衣服，水管接好了却停了水（那年头停水是常事）。我出门转了一圈，恰在此时来水了。水注满了洗衣缸，又从那里溢出来，滚滚而下，不仅淹没了我的房间，楼下也下起了小雨。我的门是被楼下的邻居踢开的，据说把这些水弄出去足足运了有二十脸盆。第二天楼下的邻居在阳台上晾沙发。对给他们造成的损失以及引起的不快我感到无比内疚，耿耿于怀至今。

再后来生活好了，家家开始搞装修、装空调。我的房子因为一直没有装修，因此我害不到别人，只能为人所害。那砸墙声、电钻声不舍昼夜，并且此起彼伏，这家刚完那家又来。空调我也是最后装的，的确凉爽怡人，可排水却成了问题。楼下经常上来提意见，一会儿是排出的水弄湿了他家的外墙，一会儿是水滴在他家窗户上的遮雨棚上，弄得患心脏病的老人夜不能寐。排水管于是被我移过多次，空调外机下面又花钱装上了接水盘，总算勉强解决问题，只是落下了心理创伤。一开空调我就怕有人敲门，或者怀疑有人在楼下叫骂，最好的办法还是尽量不开吧。

我的楼上住着一对老人，他们不上班，整天待在家里，由于楼板很薄，楼上不免时常响起脚步声，搬动家具的声音更是刺耳。房间的门大概因为年久失修，每次开关总擦着地面。天晴的时候老人还喜欢在阳台上晒被子，并且用力扑打。总之那楼上声音不断，从早到晚，我写作的思路经常受到干扰，晚上睡觉也不安稳（老人起得特早，而我又起得很晚）。上楼提过一次意见，情况仍得不到改善。大概老人的习惯难以改变，并且也不觉得有改变的必要。那毕竟是他们生活的地方，他们的家呵，在自己的家里还不是爱干什么就干什么？记得有一次他们家疏通下水道，殃及楼下，从我的水池里喷出一股黑水，犹如石油一般，那墙壁上的痕迹如今尤在。当时老人觉得内疚，我答："没有关系。" 我很想对老人提及楼上声音的事，意思是邻居们应该互相谅解、照应。然而生活并不是损失的交换，况且老人恐怕早就忘记这件事了。

学校教育

高尔基有一本书叫《我的大学》，实际上他并没有读过大学。高尔基的“大学”就是当时的俄罗斯社会。他的另一本书叫《在人间》，意思也是一样的，无论是“社会”还是“人间”都可以说是让高尔基学习、成长的学校。

我是读过大学的，也读过中学，但我们那时的学校和现在有很大的不同。还是说说中学吧，它似乎是没有围墙的，或者说围墙很低，你可以随便地爬进翻出。学校和当时的社会生活不像现在这样的隔绝分明。在学校里可以说完全没有学习的压力，没有课外作业，没有过关考试。即使有考试大多也是开卷的，意思是你可以随便抄、随便翻书。即使没有抄及格，也不会影响升级、毕业。我们最主要的任务就是玩。学校把孩子们聚在一起，形成了一个集体。在玩中学习集体意识，学习社会生活。老师其实就是我们的玩伴，说起师道尊严那是一点也没有的，也不可能有。因为并没有什么杀手锏攥在老师的手上，让他们具备足够的权威。学生倒是常常欺负老师，上课不听讲、大声说话、和老师吵架、给他们起一些非常难听的外号。老师拿我们没辙，暴跳如雷或者以泪洗面都无济于事。经过严格的学校教育的人常常会梦见考试，哪怕他已离开学校多年。而我却从没有梦见过考试，没有梦见过这与学校生活有关的极端严重的时刻。

得失参半。其“得”便是自由，这种自由对人性的发育是大有好处的。另外就是学到了很多书本知识以外的知识。孩子们的精力和聪明智慧是一个常数，如果课本知识不来占领的话其他方面的知识和所学必来占领。其“失”便是所学无成，在书本知识及其修养方面亏空太大。我们这一代人基本上是属于没有“文化”的，虽然上过学也读过书，那不过是装装样子而已。其中当然有很多人后来在各个领域里有所建树，但可以说都是通过自我教育而成才的。笨鸟先飞，坏事反而变成了好事。但一些需要童子功或扎实的基础的学问或工作我们这代人却不很擅长。这代人的心中有遗恨，也有怀念，实际上都是针对同一件事而言的。你能说那些各个领域里的佼佼者没有过遗恨吗？要是当初他们的学习环境能好一些，可能取得的成绩还会更大。当然也不一定。有些东西是不能选择的，或者不能由个人做出选择。能选择的或许只有未来。比如我，后来选择写作、当一名作家，与自己青少年时代学业上的欠缺应该是有关的。文学写作毕竟和社会生活的关系要大一些，与对人性、人生的经验性理解的关系要大一些，而与书本知识或者学问的关系要小一些。

当然，最理想的情况还是能在“书本——社会”、“专门——普及”、“古老——新鲜”的知识的吸收上保持必要的平衡，不走极端，不搞偏废，以此作为某种生而为人的背景或基础。从此出发方能无往而不利。如今的学校教育在这方面应该担负起有关的责任。

今昔火车

二十多年前我们是怎么坐火车的？和今天相比，有点不一样。众所周知，坐火车是分等级的，有站票、硬座、硬卧和软卧的区别，那时候的软卧对我们来说只是一个传说，听说过，但没坐过。据说要是一定级别的干部才有资格坐，至少也得有有关部门出具的证明，至于票价那更是贵得吓死人。就是硬卧，我也是大学毕业以后才有机会享受的。上学期间坐的都是硬座或者站票。春运时节，车厢里挤得当真是无立锥之地，走道里全是人，车厢的结合部更是人满为患，厕所的门敞开着，里面也挤得满满当当。有一次我争取到脚掌大一块的地方，一只手扶着硬座的椅背，就这么以金鸡独立的姿势从济南站到南京。途中小心翼翼地倒脚，弄不好的话连那块脚掌大的地方也会被人抢走。倘若如此你只有悬空挂着了。上厕所自然全无可能，就算你克服了人头滚滚的艰难路途，从上面飞越而过来到厕所门边，也不可能把里面的四五条大汉拉出来。只有憋着一泡尿，不喝也不吃。那罪真不是人受的。至少有一次，我实在憋不住了，已经快到目的地，翻窗而出来到站台上找厕所。撒完尿一身轻松地出来，火车也开走了。但我毫不后悔，至今仍感到庆幸。

我在济南读书，后来分配到西安工作，最长的车程也不过二十几个小时，并且都是直达。想起那些路途更远、需要转车的家伙不免充满了同情，他们吃的苦遭的罪是可以想见的。有一次我因故从昆明到北京，坐了三天四夜的火车，当时非春运高峰，也有座位可坐，但那是一年中最热的几天，车厢里热不可当。路经武汉时看见铁路两边乘凉的市民，有几个老年妇女衣襟大敞，胸前挂着干瘪的奶子。这一幕从窗外一掠而过。我起了一身痱子，过了武汉后那痱子才慢慢地平复下去了。终于抵达北京，我的双脚及脚踝都已经浮肿了。这都是坐火车坐的。

那时候坐火车也有快乐的事，就是和陌生人搭话。从候车大厅的长椅开始，你好像完全变成了另一个人，以往的生活惯性不再束缚你，好像你正前往一个崭新的世界，你已来到了那里。每个人都变得大胆、热情、好奇，互相攀谈聊天问长问短。似乎坐火车时与邻座说话是必要的礼貌、必经的仪式，如果你拒绝交谈别人难免会把你看成怪物。这是火车上的民俗时尚，直至旅途的终点。大家会互留地址、结成朋友。回去后你不免向朋友吹牛，认识了一个新疆人或者海南岛的，那是一个什么概念呵。也有人会有艳遇，有的最后还结成了夫妻。车轮滚滚，载着这些萍水相逢的人一路说笑，当真体现了三生修得同船渡的境界。

如今坐火车自然没有当年那么辛苦了，但也少了许多快乐。大家都面孔严肃、互不搭理，一则心里面有事，二则对生人也倍加警觉。如果谁主动地和你“拉呱”八成被怀疑成骗子或者老土。“不要和陌生人说话”是一个电视剧的名字，也是我们坐火车旅行的行为指南，甚至也是我们人生旅程的写照。我们已身处一个陌生人的世界里，敞开心扉不加设防已成过往。

拍戏

我写了多年的小说，写到这个份上理应“触电”了。我触电的方式不是小说被改编成影视，也不是被导演们选做枪手，参与影视剧本的写作，而是直接去当了演员。这个电触得很彻底，一步到位，否定了我的前世前生，和所谓的作家身份完全无干了。

前年 10 月，我去北京拍了第一部电影，出演男一号。此片后来在洛加偌电影节上还获了一个小奖。本以为事情到此为止，我的演员生涯就此结束，没想到它又来了。今天春节以前我又进了剧组，参与另一部短片的拍摄，仍然做演员。这一回我已富于经验，也就是说明确了自己的身份。拍第一部电影时我不知深浅，曾耍了几次“大牌”，和导演吵得不亦乐乎。当时一位“老演员”提醒我说：“当演员就是要给导演捏的，随便怎么捏。”这话我铭记在心，作为职业活动的必要指南。你想想啊，在写作上我或许还算个什么“牌”，但作为演员不过是刚刚入行，算个老几？于是拍第二部电影时我便夹起尾巴做人，一切听凭导演。

每天早晨我天不亮就起床，赶到指定的地点，一家牛肉拉面馆集合。导演打电话叫床，我总是说：“我已经在拉面馆等候多时了。”

不用导演夸奖，每次这样回答某种和服从有关的职业自豪感便会油然而生。但导演还是夸了，说："老韩，你真是个好演员的坯子！"那几天是阴雨天气，阴冷异常，拍摄景地大都在户外湖边，演出要求是穿单衣，我的造型还是个光头，辛苦可想而知。一天开始下雪，那雪越下越大，导演灵感勃发，将"埋柱子"那场戏从阳光灿烂的春日改到了大雪纷飞的冬天。我们在漫天的风雪中走了一条又一条，历时两个多小时，结果我的衣服全湿透了，内裤亦不能幸免。

我的一个朋友也写作，这回是第一次出镜。他的戏是在一条脏水沟边垂钓，结果钓上来的是一瓶矿泉水（剧情如此）。演出要求他拧开瓶盖，喝上几口然后出画。后来发现买来的矿泉水沉不下去，因为不满，所以要灌一些水进去，瓶口于是就不密封了。朋友有洁癖，只作喝水状而没有真喝，他说那沟里什么没有啊，厕所里排出的粪水、工业废水……导演不依，朋友骂骂咧咧，眼瞅着就要吵将起来。我从旁提醒我的朋友说："当演员就是要给导演捏的，随便怎么捏。"还现身说法，当年我如何如何。后来看回放时我数了数，这场戏一共拍了六条，咕咚、咕咚、咕咚……他一共喝了十八口矿泉阴沟混合的水，真够难为人的。

一天赶戏，早过了吃午饭的时间，甚至盒饭都没有地方卖了，据说已经派人去买包子了。剧组上下，包括司机都没吭一声，大家埋头工作，就好像没有吃饭这一回事，就好像都已经吃过了。我正为这个废寝忘食体现了有素的职业精神的集体而感慨，又是这位朋友在旁边嚷嚷："包子呢？包子呢？怎么还不来啊？"虽说他说出了大家的心声，但我还是觉得丢人，为我们这些写东西的人觉得丢人。

很少的钱

现在的孩子，有很多不知人间的疾苦。他们爱钱，但并不知道钱的妙用，以为钱的意义乃在于奢华的生活，不知道它还可以用于救命。钱可以说明和加强我们的尊严，但它更可以缔结人之间可贵的友谊。可贵的钱一定是很少的，很多的钱就根本不值钱了。这个道理并不深奥，可惜的是孩子们不懂。

我总是想起很少的钱，总是想起我少年时代的朋友Y。在他下放的那个生产队里，劳日单价是一角五。也就是说最强壮的男人干一天的农活能挣一角五分钱。这钱还不能马上兑现，记在账上。年底生产队分粮食，便用这钱来抵（或来买）。一个家庭一本账。分粮食是按人口分的，如果你家里的劳动力多、挣的工分多便可以持平，或许还有结余。如果劳动力少、挣的工分少就得另花钱来买剩余的粮食了，或者只能分到和所挣工分相抵的粮食。Y家的情况属于后者，下放时他才九岁，无法去挣工分。一家五口只有母亲能干活，挣六分工，也就是每天八分钱。Y的父亲身体不好，生产队照顾干点轻活，每天挣五分工，也就是七分五厘钱。又没有其他的钱买生产队的粮食。挣钱和粮食挂钩，因此吃不饱、饿是Y少年时代最主要的问题。

后来Y的父母相继去世，Y也长成了十六七岁的青年。他没有上高中，因为需要挣钱养家。在生产队里挣工分解决不了问题，经人介绍Y去了一个工地上当小工，给人拎泥灰桶，拎一天是七角钱。境况不免大大改善。后来Y顶父亲的职去县城的一家单位当工人，每月工资二十六元，就更加的宽裕了。当然这宽裕仅就一家吃饭而言，遇上嫁娶丧葬要用钱的事还是不成。嫁娶或许可免，丧葬却不能如人所愿。Y的父亲去世时因无钱火化安葬，Y跑了无数趟上山下乡办公室。面对冷面白眼，Y说出了如下惊人之语："如果你们不管，我就把尸体掀下河去拉倒！"

当时我在济南读大学，听说此事，马上寄了二十五元钱给Y。二十五元，是当时家里给我的一个月的生活费。那个月我是靠借同学的饭菜票过来的，问题不大，因为每个月都有二十五元，慢慢地也就还清了借账。

再后来Y回到了南京，他的月工资是三十一元，除他之外尚有两个妹妹。当时南京的救助标准是人均九元以下，Y一家三口，人均十元还多，因此与救助无缘。

1979年我父亲去世，一天Y来看望我，我们来到外面的街边。两个人蹲在地上，抽烟、说话。突然，Y掏出一张十元的皱巴巴的钱，塞给我。他的意思是，我父亲去世了，需要钱用。当时我就像被电着了一样，立刻把钱推了回去。Y不肯往回拿，两人你来我往了很多次。这钱最后我收了没有已经记不清了。我家当时的经济状况比Y好多了，简直不可同日而语，但他却设身处地地想着我的难处。

这事过去了很多年，犹如发生在遥远的前世，但我总是清楚地看见两个街边的青年推让着那张皱巴巴的钞票。Y满面笑容，因为不知道该如何表达，因为他天性柔和、笑点很低。我想我们难得的友谊是和钱有关的，和很少的钱以及与此相关的感激和同情有关。

收音机

今年过年，一个朋友买了几台收音机分赠给在座的朋友。这是一个玩笑，因为他说了："老同志有份。"曾几何时，收听收音机和老年生活挂上了钩，一提起收音机我们不免会想起公园里晨练的老头儿，一边甩手一边将收音机贴在一侧的耳朵上。然而事情开始并不是这样的。想当年，收音机乃是青年人热衷的玩具，拆装收音机更是青少年的事业。

那时候，收音机是很金贵的，结婚时男方送财礼有"三转一响"的说法。所谓"三转"便是自行车、缝纫机和电风扇，所谓"一响"便是收音机了（后来发展到收录机，不提）。谁家要是有一台收音机，那可是文化的标志、文明的标志以及财富的标志。但有了收音机也麻烦，因为收听有限制，特别是好点的能收短波的收音机就更麻烦了，因为能够收听到"敌台"。所谓的"敌台"主要指"美国之音"以及台湾方面的对大陆广播。天线竖起，旋钮微调，那阴阳怪气的声音立马倾泻而出，挡都挡不住，听得人浑身酥软又毛骨悚然。现在我们知道了，"敌台"之所以听上去阴阳怪气是因为和中央人民广播电台义正词严的吐字发音反差太大，老外说中国话不免怪腔怪调，而台湾小岛之内亦无“阶级斗争”，难怪人家说话嗲声嗲气的。此种标志性的声音对收听的人来说却是最险恶的，它意味着犯规、犯禁或犯罪。由于年轻人最具逆反心理，他们热衷于收听“敌台”也就不难理解了。

我的脑海里总是映现出这样的一幅画面，夏天的深夜，一间茅屋，蚊帐披垂至床板以下，借着窗口射入的依稀的月光可看见帐内映出的一个黑影，正在摆弄着什么。电波声、干扰声，随后出现了“美国之音”的播音声。断断续续的，似有若无的，风吹草动，极其地神秘诡异、可怕而令人向往。收听“敌台”的效果犹如今天的青年看恐怖片，也如手淫，刺激而不可告人。关心国家大事或国际大事、开阔眼界是虚，享受莫名的激动是真。收听“敌台”的危险很实在，因此而被告发、判刑坐牢或打成现行反革命的知识青年大有人在。当然经历危险而毫发无损的人就更是多数了。

收音机的确是年轻人的玩具，它的乐趣和时代气氛有关，早已超出了收听本身的范围。拆装收音机则是因为家里没钱，买不起收音机，因此就需要自己动手装配，或者把用坏的收音机拆开修复。当然最主要的目的还是满足某种对科技的爱好，练就“一技之长”，将来用以谋生。朱文曾说过，那些当年捣鼓半导体的无线电爱好者如今都去捣鼓电脑了。对技术、工艺、科学、机械情又独钟的当代青少年终于找到了他们新的天地，电脑、网络、数码、DV……如今他们的玩具实在太多了。而收音机则留给了怀旧的老年人，惊险刺激不再，即使是那些谈论性爱的赤裸裸的夜间节目也只有坐在出租车上偶尔听到时会觉得有那么一点点怪异。

读书

严格地说，我并不是一个读书人，却也手不释卷。读书，对我们这代人来说是一种习惯，就像现在的孩子看电视、看碟、玩电脑。无所事事的时候就得找点什么来读读，否则的话就会感到心慌难熬，乃至手足无措。读书在我们这里从来都不是什么大事，没有那么正儿八经，没有那么严重，不需要像古人那样地焚香沐浴、端正坐姿。我们躺在床上读书、靠在沙发上读书，上厕所的时候也会翻上几页。读书成了习惯癖好，成了某种最基本的休闲方式。

一位蹲过监狱的朋友告诉我，里面最难熬的并不是肉体的折磨，而是没有书读。有时候连一张带字的纸片儿都找不到，真比死了还要难受。此人也不是一个读书人，只不过不幸染上了阅读的癖好。平时不觉得，真的无书可读的时候就看出来了。剥夺一个人的癖好或习惯是一件很残酷的事，无论这习惯或癖好优良或是恶劣。就像吸烟酗酒一样，突然戒掉总是很痛苦的。何况读书的习惯源自于我们的童年，神经系统已经照此定型。读书也许是一种比酗酒的恶习更难以克服的冲动。

我的另一位朋友曾经去大山里养蜂，离开文明社会数月有余。

风光景致看了不少，就是没有书读。开始忙活，还感觉不到，直到有一天他去路边上厕所，捡到了半张报纸。那半张报纸是人家擦屁股后留下的，或者就是用来擦屁股的。朋友不管这些，他描绘当时的感受："激动得心头狂跳不已"。这半张过期的报纸朋友反复看了好几遍，最后用来擦腚，当真是物尽其用了。

读书的习惯就是这样给我们带来大悲大喜的。没有书读，可以让我们"比死了还要难受"，突然读到（半张报纸）也可以让我们"心头狂跳不已"。然而这不过是一种习惯，千万不要神化它。手不释卷的人并不比成天盯着显示屏幕的人高级。当然那些做学问、目标明确的读书人除外，就像热爱屏幕的人中也有干正事儿的。

如果说读书和读屏幕是两种不同的阅读方式，那它们到底有哪些不同之处呢？我是习惯于读书的人，所以要为读书说些好话。和读屏幕相比（至少和读电视、读碟相比），读书显然更主动方便，且空间余地更大。文字需要在脑海里合成图像，不免因人而异。掩卷遐思之际，那时刻也极为享受珍贵。我很看重读书过程中的"不读"或者空白，看重因此而来的浮想联翩或茫然一片。最重要的还是，读书能软化人心或者人性。

我读到过一个职业杀手的自白，说的是他不读书、不看报，不接触任何带有文字的东西。此人并非不识字，他的解释是"培养杀气"。杀手的说法的确叫人不寒而栗，但从反面说明了读书带给我们的影响。然而，他也不看电视、不看碟、不上网，每次杀人之前就这么一个人待着，直到把自己变成一头真正的野兽。

咖啡馆、烧鸡公

印象中，作家、艺术家们应该待在咖啡馆里，海阔天空、高谈阔论，越到晚间、深夜，越是精神倍增。作家、艺术家在传统上和咖啡馆有着不解之缘。但那似乎不是我国的传统。

上世纪八十年代，文艺气氛浓厚，那些自诩的作家、艺术家在哪里聚会呢？一般来说，是在某人的家里，今天在你家，明天在我家。也抽烟喝酒，也喧哗吵架，不免搅扰得四邻不安，家属难以正常睡眠。高朋满座的盛况实在是遗患无穷的。那时也有咖啡馆，我记得有那么两家。一家叫胜利咖啡馆，简称“胜咖”，是附属于胜利电影院的。另一家则是和平电影院的咖啡馆，自然是附属和平电影院的。作家、艺术家出没其间，但由于经济条件的限制，总不能天天都去。正因为稀罕，圈子里的人经常提及。我知道一位作家的文章落款总是：某年某月某日某时，于和平咖啡馆。他宣称自己不在咖啡馆里就写不出东西来。另一位诗人则干脆说自己具有“咖啡意识”，他所有的作品都是咖啡意识的产物。

进入九十年代，可去的地方就多起来了。不仅咖啡馆，酒吧、茶馆、夜总会层出不穷。作家、艺术家们不再在家里聚会，并且根据物以类聚的原则开始分流。不同趣味、层次、状况的人出入于不同的场所，大小圈子泾渭分明，也时有交义。我们这一路人马1996年以后经常在青岛路的半坡村酒吧相聚，那儿换了两任老板，皆是画家。半坡村酒吧可以喝酒，可以胡吹乱炫，墙壁上则挂着老板的画作、他的摄影作品。这些摄影作品拍的就是我们在半坡喝酒，置身此地大有照镜子的感觉。虽说宾至如归、有到家的感觉，但在某些地方总不能尽兴，大约是时候不到吧？凌晨两点以后，我们撤出半坡村，前往马台街去吃烧鸡公。围炉而坐，现抓屋前笼子里的活鸡，红汤烈酒加上深更半夜，情绪不免直达高潮。届时人人感奋，谈论起文学艺术来个个妙语连珠。可以说，烧鸡公才是我心目中的作家、艺术家理想的相聚场所，并且非常的中国。我们边吃边喝边聊边吵，有时直到天空发白。

禽流感疫情以后，我们就不去吃烧鸡公了。一天我从马台街路过，看见饭店门前的那溜鸡笼子都空了出来，一只鸡也没有，不免有些惆怅。好在入夜以后，这儿仍然喧闹不已，桌子上摆着一盆一盆的通红的龙虾。即便如此，我还是没有坐下去。

毛焰，我的朋友，当代最优秀的油画家，烧鸡公的爱好者，一次我问他最近在哪里消夜？毛焰告诉我说，一家郊区的路边小店，他和几个画画的朋友经常去，边喝边聊，主题自然不离艺术。去那家小店的大多是上夜班的出租车司机，因此老板一见到毛焰他们就会说：“哦，几个爱好艺术的司机来了。”

看来这家小店的确不错，应该去看一看了。

回忆冬天

如今的冬天没有以前冷了，这是否是一个幻觉？我不得而知。反正，我关于寒冬的印象大多集中于少年时代。那时候，大家都住在大屋顶的老式房子里，冬天早晨起来会看见屋檐下挂着长长的冰锥。所有的人，无论男女老少都穿棉袄，真正棉花做的，并且分斤两。有一两斤的，也有三四斤的，外观一概浑圆。丝绵做的棉袄很金贵，那玩意儿比普通的棉花保暖，所以用料减半，穿在身上轻薄舒适，就像没穿棉袄似的。然而丝绵并不是一般的老百姓所能享受的。盖被子亦然，分斤两。记得我上大学的时候家里给捎来一床冬被，棉胎重达八斤，盖在身上死沉死沉。那年头，如果没有棉花，很多的棉花，冬天真不知道该如何度过。

南京这地方不南不北，没捞到南方或北方的好处，但坏处却是一点也没落下，甚至过犹不及。都知道南京的热，长江边上的三大火炉之一嘛，非常的著名。可南京冬天的冷更是难熬。虽说实际气温没有河北或者东北那么低，但外面多冷，家里也就有多冷。南京人不烤火，也没有发放烤火费的惯例，屋子里既不支取暖的炉子，人也不睡火炕。取暖的设施是一概没有。偶尔有一年我去真正的北方过冬，当真觉得幸福死了。尽管外面天寒地冻，房间里却温暖如春，穿一件单衣足够了。真是不比不知道。

南京的室内能冷到什么程度？夜里被透寒气（再重的被子也无济于事），早晨起来毛巾是硬的，犹如雕塑一般。水龙头经常拧不开，被冻住了。拖把粘在阳台上，需要热水浇灌方能拿起。但有一个好处，可以吃冻豆腐。将买来的豆腐放在篮子里过夜，第二天就冻成黄褐色硬邦邦的了。现在人做冻豆腐要放进冰箱里，不说费事耗电，就其口味而言绝对不及天然冻成的。

说到烦人的冻疮，大概孩子们的体会最深。因为细皮嫩肉，因为火力不足，手脚面孔耳朵上不长冻疮的小孩几乎没有。每年冬天我的双手冻得像馒头，局部发硬，然后溃烂。疼是不必说了，冻疮这玩意儿还很痒，尤其是快要好的时候，真是奇痒无比，其痒钻心。这罪每年都得受一遭，连头带尾就是三四个月。至今我的手上仍然留有冻疮造成的疤痕，就像是岁月的纪念。

后来我们家下放到苏北农村，那地方比南京更北，但也没有北到能划进北方的范围，冬天更冷了，却依然没有烤火的习俗。在那里我算是领略了北风的严酷，真正是像刀子一样，割得面皮生疼。它在平原上呼啸而过，一阵紧似一阵，你的心都跟着收紧了。冰冻也不再是屋檐下温柔的冰锥了，而是大面积的，粉白色的，整条整条的河流都冻住了。人们行走其上，冰凌的道路四通八达。

我有幸在一个暖和的地方、缓和的时代里回忆当年的冬天，想说的是：那时候的冬天可真过瘾啊，冷得过瘾！冬天不冷那还叫冬天吗？那么冷的冬天竟然就此有了一些不可思议的暖意，这又是为什么呢？

以前的夏天

以前我们是怎么度过夏天的？穿汗衫背心，或者打赤膊，肩膀上搭一块毛巾，以便随时擦汗。在外面走的时候找阴凉地，在家里坐的时候寻穿堂风。阴凉那时候多么重要呀，好在南京绿树成荫，梧桐树搭就了绿色通道。如今盖大房子、砍大树，倒也没有什么，因为人们出行都坐带空调的车了。只是看出去白花花的，热在眼睛里。

小时候我们家下放农村，暑假在家做作业，靠的就是山墙的影子。上午的时候东晒，我们就将桌子搬到西边的山墙下。下午的时候西晒，就把桌子搬到东边的山墙下。中午无处藏身，只好躲在房子里。当然是前门后窗大开，以便让穿堂风路过。傍晚时往门前的地上泼水，哗哗的，水能降温。然后再搬出桌子，四周放上板凳，一家人坐着吃饭。吃的是稀饭，佐以泡菜、咸鸭蛋，吃着清爽。饭后消暑的饮品有绿豆汤，早在饭前就煮好了，放在凉水里冰镇。有时候还有西瓜，那更绝，用网兜装着，直接吊在水井里冰，吃的时候真是清凉沁人心脾。晚上乘凉睡竹床，竹床很老，几代人用过，上面褐红色一片，都是皮肉磨的，汗水浸润过的。擦干净躺在上面凉意自脊背而生，睡到后半夜就要进屋了，否则会感冒，落下关节炎或者坐骨神经疼之类的毛病。乘凉的人还坐竹椅、藤椅什么的，咯吱咯吱地响着，芭蕉扇噼噼啪啪地扇着，扇风兼带驱赶蚊虫。蛙鸣悠扬，群星闪烁，我就在这段时空中入睡了，肚子上盖着线毯的一角，遮着幼稚的肚脐。睡梦中总会被大人搬进屋，醒来时一定是在吊着蚊帐的床上，身下铺着草席，甚至枕头上扎的也是席子编织的枕席。

后来回到了南京，由于时代相去无几，度夏的方式也大同小异。只是城里比苏北乡下热多了，平均气温要高出三到四度。城里有电，我们可以吃到冰棒了，马头牌冰棒，有赤豆的，有奶油的，有橘子的。还有小冰砖，一毛钱一块，那可是我的最爱。有电就有电风扇，有坐式的，有吊顶的，扇叶在天花板上方旋转，推出层层叠叠的阴影，我很烦那玩意儿。驱蚊仍用蚊香，只不过蚊子变精了，它不死。于是蚊香改进，蚊子也更新换代。到现在也不知道是多少代了，反正仍有蚊子活着，蚊香也变成电的了。还有纱门纱窗的流行，取代了蚊帐。只是洗澡没什么变化，以前夏天洗，现在夏天也洗。每天一把澡，那真是痛快管用。不同的是现在的夏天也洗热水澡了，的确比冷水澡更符合人性。

时至今日，有了空调，那可是夏天最伟大的发明，因为以前的一切玩意儿皆可作废。夏天变春天了，变秋天了，你如果愿意，它还可以变冬天。麻烦就这么的从根子上解决了。林荫道可以消灭，绿豆汤可以不喝，至于老竹床、电风扇之类的就更不在话下。只是有一个问题，大家都不出汗了。我说怎么这么郁闷呢，原来是憋得慌！

合格的父母

俗话说，三岁看到老，据说人格在五岁以前就已经基本形成，可见幼年的遭遇对人生来说有多么重要。如果不出意外，人生之初首先遭遇的就是父母。父母不仅生养了子女，还是他们进入社会必经的一个门户，犹如大门的两扇。身为人之父母责任极其重大，将来子女成为怎样的人，命运如何，父母是脱不了干系的。因此西方流行的心理门诊讲究回溯童年创伤，子女们每当出现危机也习惯性地向父母大人“讨债”。中国人不讲这一套，但并不能因此就取消了父母造人的责任。

怎样的父母才是合格的父母？生而不养，自然情节恶劣，在此不论。但养又该如何去养呢？光提供子女成长的物质条件显然是不够的（虽然这很基本），还得有爱。父母对子女的爱出于天然或本能，似乎不构成一个问题。但，问题恰恰容易出在不假思索的地方。中国父母喜欢对孩子说的一句话是：都是为你好！潜台词乃是：我们如何地辛苦操劳，如何地付出担心，如何地恨铁不成钢。潜台词有时候就干脆说出来了。这里面有某种非常沉重的东西，无论父母还是子女都会因此而感受到焦虑。正是带有焦虑和期望的爱将引发严重的后果。“可怜天下父母心！”能不能别说了？

我在一本书里曾读到，合格的母亲不仅是一个对子女照顾周到的母亲，不仅要尽做母亲的责任。首先，她得是一个幸福的母亲。当真是振聋发聩！幸福或者幸福感就像是一件传家宝，它靠感染的力量一代一代地传下去。焦虑也一样，就像是一些致病的遗传基因，一代一代地往下传。如果你同意，幸福或者幸福感乃是人生追求的目的，那么只有幸福或者具有幸福感的父母才有资格和可能种下那粒叫做幸福的种子。

中国有句老话，叫母慈父严。母亲被称做慈母，父亲则叫做严父。两相配合，一软一硬，一正一负，一个红脸一个白脸，在互补中使子女感受到世态炎凉以及人生慈悲的底蕴。现在倒好，慈母不再慈了，严父仍然很严。比较下来母亲甚至比父亲还要严厉，对子女更喜欢横眉立目，有更多的期望苛求。母慈父严应该改成母严父慈，或者干脆就是母严父严。这一情况是如何发生的？我不得而知，但的确已经成为某种很普遍的事实。大约女人在机关单位里喜欢攀比，或者掌控塑造子女已经成为她们争取社会权力的一种象征。望子成龙、希望子女出人头地女性比男性更为焦急。

回到怎样的父母才是合格的父母，或者说怎样的教养方式才是合适的？别的不敢说，但有一点我认为很重要，就是不走极端。父母本人的作为、主张尽可以极端，但，对待子女的方式切不可极端。比如在报纸上会读到一些自以为是的聪明人，不让子女上学，把他们关在家里由自己实施教育。就像制造原子弹似的，发誓要培养出想象中的超人来。这样被培养出来的家伙只可能是怪物。当然，放任自流的溺爱也不足取。一个宽松的但有界限的环境，犹如一个实在的但不至于使对方窒息的拥抱，对于孩子们来说太重要了。

一位好父亲

写了《合格的父母》一文，意犹未尽。我空活四十多岁，并无一儿半女，有人会说：你没做过父亲，谈何“合格的父母”？也对，但，没做过父亲难道没有做过儿子吗？所以说谈论为人父母还是有那么一点点资格的。此文想谈论一位父亲，即我的父亲。

我的父亲是一位好父亲，首先是因为他娶了我母亲。母亲性格温和，从小到大，我从未见过他俩拌过一回嘴，吵过一回架。但他们的关系绝非冷淡，彼此关心，有说有笑的。考虑到父亲以愤世嫉俗著称，真的十分难得。

父亲的一生历经苦难，1957年留党察看，文革中自杀未遂，还遭遇过造反派的拳脚，且中年早逝。但他的苦难并不是我造成的，至少父亲没有给过我这样的感觉。即使是他吃的那些苦我也是后来听说的。要是父亲的苦难缘自于我，那该是怎样的一种良心重负呵！

父亲比较忽略我，或者说平等以待。我从来不是他生活的中心，他也没有发动全家人绕着我转。我不记得父亲为我过过一次生日。他是专业作家，但没有专门为我写过哪怕只言片语，更没有当众夸奖孩子的习惯。

父亲对我的要求不高，他曾经说过，以后我能进工厂当一名工人就可以了。后来我考取了大学，对父亲来说不啻是意外之喜。他对我的学习从不苛求，但在性情品格方面却经常过问。父亲尤其希望孩子勇敢。当我因为上学的路上有一条恶狗而不敢上学时，父亲就在我的口袋里塞了几块石头，对我说："用这个对付它！"就这么把我打发了。他希望我学会游泳，但也没有粗暴地把我往小河里面扔。教了几次后我没有学会，父亲也就不了了之了。

他十分幽默，经常开我和哥哥的玩笑。比如我的皮肤比较白，而哥哥比较黑，父亲就说我们一个是大麦面做的，一个是小麦面做的。他还给我起了个外号，叫三歪子，说我歪头歪脑歪点子多。回忆起我们小时候的事情，父亲总是说些可乐可笑的，绝没有神童预兆之类的庸俗内容。

父亲带着我们玩。是带着我们玩，而不是降低到我们的高度屈尊俯就地和我们玩（比如给我们当马骑）。他的朋友来访，父亲没有把孩子们赶走，我们自便。我喜欢搬一张小凳子，听父亲和他的朋友说话，天南地北，海阔天空，说得那么开心。

父亲该出手时就出手，不是不打我们，而是打得极少极关键，所以印象深刻。记得有一次我抓了一把沙子，爬到了一棵树上，喊另一个小朋友。他过来后仰起脸，我就把那把沙子撒下，迷他的眼睛。小朋友告到他的父母那里，他的父母又找到我的父母。父亲把我摁在床上装模作样地揍了一顿。主要不是疼，而是感到羞辱。还有一次父亲揍哥哥，是因为他才上中学，就给女同学递纸条子。

凡此种种，我认为我的父亲是一位好父亲。作为一位好父亲，他的优点还有很多，比如从没有找过第三者，从没有生而不养。我自从认识父亲后，他就在我眼前晃，即使是因为工作原因，他离家也没有超过一个月。父亲总是在那里。

最后，他作为好父亲的理由是他的离去，那年我刚好十八岁，成人了。后来我学习写作，父亲以死亡的方式腾开了一条路，避免了两代人观念上不可避免的冲突。当然他不是故意这样做的，乃是命运如此。但我还是得感谢，感谢苦涩的命运，使我的父亲没有晚节不保。

我的二〇〇六

2006年我都干了些什么？结了一次婚，买了一把房，完成了一部长篇的初稿，出门三五次，最远至北欧，和青年时代的一位好朋友相聚数日，重拾了一番“伟大的友谊”。还有一件事虽然不是发生在我身上，但却是我生活中的一件大事，就是我哥哥有孩子了，也就是说平生第一次我做了叔叔。我哥哥五十岁，而我四十五，因此啊，小事也变成了大事，何况生小孩本来就是大事。

结婚，就是去民政部门登记了一把。对我来说，这很管用。结婚并不能改变爱情的性质，但却多了一份责任。以前是，一个人吃饱了，全家饿不着，现在不行了。不仅全家得吃饱，生活还得上升到中等水准。将来有了小孩被小朋友嘲笑，有个穷爸爸，我想象了一下觉得还是接受不了。不以自己的标准或者“觉悟”要求家里人是我的一项原则。然而对一个卖文为生又不善合作的人来说，确实有一定的难度。我当尽力而为。在此，我得感谢我的爱妻，漂漂亮亮的，聪明也时髦，又没有毛病，却不知深浅地把自己的未来和我这么一个前途未卜的人绑在一起。我喜欢她的不知深浅，喜欢她的这份信任以及同甘共苦的决心。但我对自己强调的却是“同甘”而非“共苦”。要是“共苦”已有定论，又何必拖累别人呢？

买房也为此。房子虽不大，但布置得十分温馨。我俩都是很有美感的人——这问题上就不谦虚啦，目前的这个家既不气派豪华也不艺术得古怪，但凡是去过的人都觉得非常温暖，舒适宜人是肯定的。在此我得感谢我的朋友，他们中的一个无条件地借给我买房子的钱。我心中不安，朋友却说：“你把《扎根》的影视改编权押在我这里，一旦卖出去多退少补。”又说：“你这样伟大的作家以后钱多得都花不完，我才不担心呢！”感谢她化去了我的心结，感谢她的信任。我总不能回答说，“我不是一个伟大的作家”吧？我是这样想的，如果说朋友也是一种财富，那我还真是一个富人哪。多年以来生存挣扎，多亏了他们的帮助，借此机会我得感谢汪继芳、于小韦、丁当、陈寅、萧元……名单一时也开不完。

再说说我去欧洲的事，主要也是为了讨生活。以前不少类似的机会我都拒绝了。出去一转果然好，不仅风光无限、开阔了视野，对书的销路也大有帮助。《扎根》被翻译成英文，译者韩斌（中文名）告诉我，她因为翻译此书还获得了一个什么翻译奖，目前有好几家出版社正和她联系。我不懂英文，但《扎根》能以英文的面貌获得有关的奖项，说明翻译的水准还是不俗的。此外，我的书法文、韩文等等的出版也陆续有了一些消息……

2006 年，我完成了第三部长篇的手稿。该长篇以前想叫《小城好汉》，现在定名为《英特迈往》。关于写作的千辛万苦就不说了，只是透露一下书名吧。

昨天下午我刚从深圳回来，见到了一个人，杨争光。我们相处了两日。争光是我大学时代最亲密的朋友，相隔已经二十多年了。九年前我们匆匆见过一面，但不比这次。临走时争光的夫人眼圈红了，我心里也不是滋味。她说“二十四年了……”这“二十四年”接在 2006 年的结尾处，使我明白自己的下半生已经开始，你把它叫做另一辈子也成啊。

倒霉的一天

昨天我从工作室出来，锁防盗门的时候把钥匙给拧断了。我也没有特别用劲拧，和平时一样，但钥匙却断在锁眼里了，防盗门于是锁不上了。好在我的工作室里没有值钱的东西，除了一部手提电脑。把这部电脑带回家，就没有什么可担心的了。

一路颠簸，终于到家，我想马上投入工作，但电脑却毫无反应，怎么也启动不了。接下来的时间里，我坐在桌子前面，不断地按着电脑启动键，每次皆以失败告终。就这么折腾了三个多小时，我就像得了强迫症一样。到后来，按键的那根手指都感到吃不消了，我就换上另一根手指，继续按，反正我有十根手指。以前，我的电脑也出现过类似的情况，无法启动，但多按两下也就好了。那电脑的启动键时灵时不灵。这台电脑已跟随了我三四年，我始终也没有摸索出规律性的东西。我在想，是不是由于天气比较干燥，我身上带有静电，因而影响了电脑的启动？自然是瞎想，但不妨一试。于是就把电脑放在地上“放电”，自己也手指触地，那想象中的电流便因此倾泻一空。总之，折腾得够呛，我连晚饭都忘记了吃，烟也忘记了抽。

直到十二点以后，我才放弃种种不可思议的“实验”，彻底认输了。这才想起来抽一根烟，然而却到处找不到烟。我明明记得带了一包香烟回来，难道我记错了？口袋、背包都翻遍了，犄角旮旯也没有放过，但始终一无所获。实在没办法，只好下楼找通宵营业的便利店，买香烟。附近就有一家，买了香烟，但却没有打火机卖。那么，火柴有没有？回答说也没有。便利店只卖烟不卖火，这我还是第一次碰到。

带着香烟我又回到楼上，心想，反正有炉子，凑合着可以点烟。万万想不到的是，我住处的炉子是电磁炉，好生的古怪，没有明火不说，只有锅放上去才会升温，并且只有锅底那么大的面积会升温，余下的部分触手冰凉。我把平底锅拿开，把香烟的一端戳在上面，拼命地吸气，但就是点不着。

烟没抽成，那就吃一点零食吧。我喜欢吃一种真空包装的鸭肫，南京人叫鸭肫肝，老婆知道我这个嗜好，所以经常买。可我向她要鸭肫肝的时候，她却拿来了一包鸭肝，说是白天她去买鸭肫肝的时候卖完了，于是就买了鸭肝。也是真空包装的，甚至是同一厂家生产的，同一个牌子，再说鸭肫肝和鸭肝也只有一字之差。我别无选择，只有吃鸭肝。老婆问我：味道如何？我说：很好很好。现在我可以坦白了，鸭肝怎么能和鸭肫肝比呢？嚼得我满嘴异味、腥臊无比，几乎吐了出来。

这真是倒霉的一天呵。

飞碟盲

你相信外星人吗？我觉得，不管相信不相信，都不要基于事实。不相信外星人是由于缺乏事实的依据，谁都能看出来这未免狭隘。相信外星人也一样，事实并不能说明问题。到目前为止，所有关于外星人的事实都是两可的，也就是说，它们既不能证明外星人的存在，也不能证明其不存在。有些事，落到了实处，就毫无魅力可言。而这魅力，的确又是神秘事物之所以神秘的关键所在。

我的朋友 Q，相信外星人，相信外星人也就罢了，他还有根据，能说出个子丑寅卯。而他的根据不过是一本叫做《飞碟探索》的杂志，上面全都是关于飞碟存在的证据，有目击、有亲历、有史料、有推演，涵盖了化学、物理、天文、动物学、人类学、心理学、哲学及宗教等诸多的学科和领域，由不明飞行物到飞碟到外星生命到外星智慧到比地球人高得不可思议的外星智慧，总而言之这是一条龙，并且环环相扣，互相说明。如果你相信不明飞行物就肯定得相信飞碟，相信飞碟就得相信外星生命乃至外星智慧，相信外星智慧就得相信它远远高于我们的智慧，再回过头来说明不明飞行物……Q 就是这样的，对这一系列或一系统的玩意儿深信不疑，就差一条，就是 Q 从来没有亲眼目睹过飞碟。不仅是他，我们这一圈的朋友也都如此，没有人有此荣幸。

前些天，我写小说写得烦闷，于是走到阳台上抽烟。我突然发现，在左前方的天空上，有一物熠熠生辉，亮得耀眼。显然不是飞机，一来它不怎么动，二来形状也不对。它的形状呈一个倾倒的 V 字形。也肯定不是照向天空的射灯，射灯的光柱只有反射在云层上才会显现。而我眼前的夜空晴朗，并无云层，甚至能看见背景上的星星。端详良久，我实在不知道那是什么玩意儿，于是打电话给 Q。

Q 也跑到他家的阳台上看了一番，但一无所见。但在电话里，他有话要说。他说的是 :“我说的吧，外星人绝对是存在的，你们这些家伙就是不信，真是没有觉悟、土得要命！”我没有反驳他，不明飞行物不等于飞碟，而飞碟不等于外星人，因为那是无济于事的。

挂了电话，我又返回阳台，那发亮的 V 字仍在，就像是被钉在空中了一样。我估算了一下，它大致的位置在午朝门上空，而我的朋友 Z 就住在那附近。于是我又打电话给 Z，家里的电话没人接，我就打 Z 的手机。Z 没等我说完，就说 :“什么呀，那是电光风筝，我正带着儿子在放呢，你那里只看见一个，我们这边能看见一堆！”

我再次致电 Q，告诉他那是电光风筝。Q 仍然有话要说，他说:“你们这些家伙，不看看清楚就来说，飞碟那玩意儿是那么容易看见的吗？我都没看见过，就别说你这样的飞碟盲了！”

嗯，说得很在理。即使我们看见了飞碟，也很可能不认识。而我们认识的，多半并不是飞碟。

绝不感动

2005年即将结束之际，某电台的一位主持人采访我，向我提出了一系列的“年度问题”，其中有一个问题是“年度感动”。主持人问我：“在将要过去的一年里，有什么事情让你感动吗？请说一件。”我想了想，说：“好像没有什么让我感动的。”主持人说：“不会吧？总不至于你是一个铁石心肠的人，呵呵。”

她说的没错，这年头让我们感动的事不要太多呵！或者说，我们的感动不要太多呵！感动，绝不是太少，而是太多了。我们的报纸每天充斥着有关苦难不幸的报道，电视台真情互动类节目也不遗余力地催人泪下。感动已司空见惯，成为我们日常的食粮。问题在于，感动完了之后我们并无后续行动，既没有责任的意识，也没有对自身生活的怀疑，感动完了也就完了。接下来我们寻求新的感动，就像吸毒上瘾一般，感动使我们陶醉、成为廉价的精神享受，自我感觉良好，高尚的人格由此确认，高尚的人生由此起步。这年头，感动空前泛滥，但的的确确又一文不值。

我想起了那个叫悉达多的王子，后来的佛陀，想起了他的“感动”，和我们的确是不可同日而语的。传说中当他遭遇“生、老、病、死”，遭遇生活苦难悲惨的真相，他“感动”了。因为这“感动”悉达多再也无法延续以往奢华安乐的生活，如果想不通有关的问题就无法继续生存。由此导致了他的寻求真理之路，最终觉悟以利众生。

自然我们不是佛陀，没有他那样的天生丽质，因此侈谈感动不免是一种耻辱。尤其是在这样的一个时代，一切皆可买卖，一切皆变为商品，感动亦不例外。我们有感动的需要，就有人为这需要而加紧生产。报纸的覆盖面、发行量，电视节目的收视率，这些都得从我们的感动中而来。凶杀故事、色情搞笑之类的商品制造容易识别，而感动的产销售后服务却在民族精神的无意识中买卖正红，并且在舆论上居于绝对的道德优势。不仅媒体新闻，就是在文艺作品中贩卖感动也成了不亏本大赚的保证。我总是听说作家们为写一本书而泪流满面的情节。当我们怀疑一部电影的创作动机，总有人报告说观看过程中不止一次地流泪。这么说的人有导演，有观众，有影评家。的确，这年头好坏皆可斟酌，唯有眼泪是不可反驳的。一部让制造者落泪让接受者唏嘘的作品其价值还有什么疑义吗？有时候我想，评论作为一种专业也许可以取消了，只要雇一帮人攥着手绢儿走进展厅、戏院、电影院、音乐厅、图书馆或者书店里就可以了。当然这是说笑。

一方面我们感动不已，一方面我们的确也铁石心肠。我不知道这二者之间到底有没有关系，或者是一种什么样的关系？面热心冷正是我们这个时代人性的一个特征，以泪洗面的人心如铁石，更加地心如铁石，这可不是什么好玩的反讽。所以说我宁愿不谈感动，取消感动这个可怕危险令人反胃的词。既然做不到面热心热，那就心冷面冷，绝不感动。

幸福之道

幸福是一件好东西、一桩好事情，可以说人人都梦想拥有它。可幸福到底为何物？却不是每个人都说得清楚的。但这不碍事，不妨碍人们追求幸福。实际上在人们的一切追求中，幸福都是最终的目标、最后的结果。与那些具体的目标（金钱、权力、美色、成功等等）相比，幸福显得过于抽象、难以把握。而与幸福对于人生的极端重要相比，所有的具体目标则不过成了实现它的可能手段。即使是和精神有关的一切追求，其结果仍然是指向幸福的，遑论与个人的现实利益相关的那些追求呢？

关于幸福，我们能确认的只有一件事，就是它与人们的满足或者满足感有关。有满足或满足感的地方必有幸福，而幸福显现的地方必然充盈着满足之类的情感。佛说人生八苦，其中之一就是“求不得”，这从反面说明了满足感对于幸福的重要。我们祝福他人或者乞求神灵，升官发财之类的显然比较粗俗，但“心想事成”、“万事如意”之类则不仅冠冕堂皇，其概括性也强。如其所愿，的确是幸福的不二法门。

那么，满足感又与什么相关呢？与我们的获取，也与我们的“胃口”，与此二者紧密相关。所获甚多的人不一定幸福（这是人们不愿承认的常识），关键在于他的胃口。所获之物和容器之间形成一定的比例，这个比例的大小决定了满足感的大小或是不满足的大小。我们有“欲壑难填”的成语，亦有“知足常乐”的说教，说明的都是这获取和容器之间的比例关系。如果这容器太大，或者干脆就是无底的，满足就成了不可企及的梦呓。所以说一个人应该“有底”，不是说他因为依恃什么所以底气十足（财大气粗），而是真的有底，所求有限度，收受有止境。如果我们成了无底的洞，永不餍足，幸福或满足的感受就和我们无缘了。

然而，胃口有其延展性，并非一成不变。当获取更多变得可能和方便，胃口也相应地变大了。胃口总是跑在获取之物的前面，这正是我们深感不满或痛苦的原因。并且胃口一旦变大就再也不能缩小，它的伸展有方向，总是向外扩容的。富足的人比贫乏的人更加感到不满也许是必定的，因为富足的人胃口更大，和获取之物之间的比差（可解释成眼界）更大，并且增大的胃口不再缩小，并不以实际的获取多少为转移。胃口就是这样的一种东西，能大不能小，能多不能少。所谓的欲望永无止境，说的就是这个。所以说虽然我们“有底”，但这“底”随获取或获取的可能向下移动，并和所获之物永远保持距离。由于这只橡皮胃的存在，或者这只胃的橡皮特性，实际上我们还是无底的。

在精神生活中亦然，胃口永远是需要警惕的东西。在我们的愿望和目标之间存在着极大的危险，在此地带孕育的贪婪和穷凶极恶一点也不比追求现实利益的目标要小。不满或者不满足感曾是我们精进的动力，但永不餍足贪得无厌却是与精神生活的本质背道而驰的。无论如何，幸福或满足感仍然是精神追求的必要条件，放松和自由确保了精神目标的健全和不易变质。我想起一位圣贤说的话：不求觉悟，只求一生修行。也许，把目标和愿望割裂开是精神生活必需的方式。割裂目标和愿望也许就已经身处精神生活的中心了。在物质追求中也一样，割裂获取和胃口之间的联系，就是超越满足或是不满。幸福与满足感相关，但它的本质却是超越，超越满足也超越不满。当无所谓满足或是不满时，如果需要使用一个说明性比喻性的词，那还是满足，比满足更满。但这种满足类似于空虚，因为它是不受制于任何意义上的获取的。

问题到此已比较清晰，但在描述时却有些玄虚了。还是让我们回到一般而言的幸福之可能，说到底，它与人的天生禀赋也与后天的人性有关。总有那么一些人是比较容易满足的，而另一些人却很难满足。容易满足的人也许比较平庸，也许就是圣人或具有圣人资质的人。不容易满足的人也有两个极端，一是罪犯，一是伟人或是成功人士。在这个全面世俗化的时代里，伟人和成功人士受到追捧，被奉为人生的榜样。罪犯是潜在的伟人或成功人士，虽然所走的道路相异，但居心和伟人、成功者是一样的，就是永不餍足。平庸者自然为我们所不屑，因为他们那是傻乐，不思进取、碌碌无为，体现了不被社会倡导的堕落倾向。至于圣人，我们则不摸底，听说过，没见过。我们见到的圣人最后大多被证明是一些更为险恶的骗子。成功因而成了唯一的出路，美其名曰“自我实现”，与其说是自我才能的实现不如说是自我欲望的实现。因为这欲望本质上的“无底”，实现自然永无时日。当然，这也是一种人生。问题在于描绘中的蛊惑人心的欺骗，就是将幸福与其挂钩。成功者的人生也许能赢得很多东西，甚至能赢得世界，但和所谓的幸福根本上是相互背离的。一颗积极进取的拳拳之心决定了不知满足的极端倾向，决定了把所有阶段性的成功都视为最终的失败。

我曾在一本书上读到过对一个“好母亲”的定义，她不仅应是一个尽责的勇于牺牲的母亲，更重要的是她应该是一个“幸福的母亲”。幸福具有感染性，它将传染给子女们（不幸福亦然）。我认为这是巨大的弥足珍贵的财富。“望子成龙”的父母们与其相比则差劲多了，他们的精神遗产是压力和焦虑，或许子女们今后能够出人头地，但很难保证其幸福。如果说“成功”和“幸福”不可兼得，作为祝福你该怎样奉送？至于我，肯定祝我所欣赏尊重的人成功，但我要祝我所爱的人幸福，哪怕平庸呢。

对死者的尊重

对弱者的同情和尊重，是人最值得称道的美德，而最弱的弱者我觉得就是死者。死去的人无法控制自己的身体，无法表白自己的意愿，只落得听人摆布，你让他躺下他绝不会站起来。死者是如此的软弱，就像是一件东西，就像是一块石头，你让它待在哪儿它就待在哪儿，绝不会抗议或提出反对的意见。除非你真把死者当成了一件东西，把“他”当成了“它”，也就是说否认死者有意愿存在，否则的话尊重意愿就成了一个值得考虑的问题。

昆德拉在他的那本《被背叛的遗嘱》中谈到布洛德，后者是卡夫卡的生前好友，也是卡夫卡的遗嘱执行人。我们今天之所以能读到卡夫卡，应该说全凭了这位仁兄。按理说，布洛德是一个对世界文学乃至世界文化有很大功劳的人，我们应该感激他才是。然而，也正是这位布洛德以及他所做的事构成了对卡夫卡的背叛。卡夫卡要求将自己的著作付之一炬，而由于布洛德的原因，卡夫卡的著作却留了下来。是啊，他布洛德舍不得呵，如此具有价值的东西怎么能毁于一旦呢？如果这样做，那简直就是对世界的犯罪。在对世界的忠诚和对朋友的忠诚之间布洛德选择了对世界的忠诚。他当然可以解释说：卡夫卡是属于世界的，世界的重要性要大于卡夫卡。但最根本的原因是卡夫卡已经死了，无法反驳布洛德，更无法执行自己的遗嘱。

人们会留下各式各样的遗嘱。我觉得，只要这遗嘱的内容不涉及对别人的主动伤害（比如暴力复仇），就应该严格执行，尽量地执行。且不管这遗嘱的内容是否符合我们（执行者）的意愿，是否符合我们的理解。在执行遗嘱中，需要尊重的唯有死者的意愿，这便是忠诚，也是同情，是美德和美德本身。

我想起我的一个朋友讲的一件事。他的一个老亲戚临终前给子女留下遗嘱，不要举行追悼会或其他任何仪式，死后马上火化。因为（这位老人写道）"我不要让别人看见我现在的这个丑样子"。然而，老人死后不仅举行了追悼会，且声势浩大，我的这个朋友也去了，并看见了老人的"丑样子"。"嘴巴张得很大，瘦得已经不成人形了，"朋友告诉我说："看来死前病了很长时间。"即使是在追悼会后老人也没有马上被火化，因为和单位里有一些级别待遇方面的问题没有得到解决，而这些问题又和子女们的福利有关。老人的尸身被作为要挟。也的确，那张张得很大的嘴是非常可怕的，具有很强的威慑力。

我觉得，不仅死者生前明确留下的遗嘱需要严格执行，就算死后，如果你的确是他亲近的人也应该能猜出他的意愿。如果他地下有知，会希望怎样？会如何看待？会如何说？如何做？……这些问题的确是应该想一想的。每当我在电视或报纸上看到那些在老人死后为争夺遗产而大打出手的子女，不免非常厌恶。无论是非曲直如何，这都是对死者的不敬，因为这不是他们愿意看到的局面。

小论网战

网络是个无为而治的地方，这是它的好，也是它的不好。它的好处是，你可以自由地发表自己的言论、见解，它的坏处在于，当别人攻击你的时候，却没有任何屏障。只想要它的好而不想要它的坏，大概是不可能的。就像你接受一个人，要么全盘接受，要么完全不接受。只接受对方的优点而不接受对方的缺点，不仅不现实，还会因此带来心理上的被动，烦恼无限。对网络也是这样，要么接受，要么不接受，要么适应，要么不适应。如果你不适应的话，就像韩寒说的那样，关掉电脑，立马就万里晴空了。

我是两千年开始上网的，从有为之世界贸然进入到无为之世界，不适应是肯定的。岂止不适应？简直被吓坏了。拍来的板砖如此凶猛，直奔人身的攻击如此恶毒，污言秽语不说了，造谣诽谤也不提了，对了，还有所谓的群殴，一群人围着你喊打！打！打！当真你就像一只过街的老鼠。后来我才意识到，这便是网络洗礼，不是用圣水甘露，而是用腥臭的口水。除非你陷得不深，只是一个旁观者，或者混在人群中喊几嗓了，否则的话这仪式早晚是要举行的。

上网以来，我打过无数的仗，开始时的兴奋、紧张已不复存在。

我有几条体会，不知当说不当说。

一，网络放大了的对手的形象，看似粗鄙恐怖，但在那些千奇百怪的 ID 的背后，大多是一些正常甚至单纯的人，没有那么可怕。

二，网上的攻击谩骂是不能当回事的，是在一种亢奋状态下的即兴发作，处心积虑谈不上，有组织、有预谋更是无中生有。并且由于某种约定俗成不经过大脑的网络惯习，骂人者往往有口无心。

三，绝大多数参与网战的人是知耻的，如果你不采取同样的粗暴方式，他们肯定知道，并且也会调整自己的方式。“以暴易暴”在网上绝对行不通，倒是“先礼后兵”可能得到大家的同情。

四，正因为网络无遮挡、自由，因为它的泥沙俱下、亢奋而混乱，才恰恰是你表达冷静、明智、能力和风格的大好场所。

有人说，我们缺乏的并不是自由，而是能够享受这自由的人。在有为之世界里不好说，但在相对无为的网络世界里，谨记这一点非常重要。实际上，参与其间的人都在影响网络。网络不仅在我和对手之间没有遮挡，在我和内心的野兽之间也没有遮挡。后一点也许更为致命。

在最近的韩寒、白烨之争中，白方之所以比较狼狈，撇开争吵的内容不论，就其网战而言，显然是不太适应。白烨关闭博客，不失为聪明之举。陆天明的参与，并纠缠于对手骂人、群殴，这是想不开。实际上锻炼一下、经过这一关也许就适应了。陆川自以为了解网络，以毒攻毒，结果反受其辱。他错过了一次通过自我约束赞美自由的机会。高晓松想把网络之争拉到网下，大概是觉得网下比较靠得住吧。

是假期，而不是劳动

计划、日程、起早贪黑、马不停蹄，我说的不是工作，而是眼下流行的一种休假方式：旅游。

我这人平时不上班，写作这件事虽费时耗力，但在时间安排上还是较自由的。假期就不同了，特别是像五一劳动节这样的长假，想着陪老婆外出旅游，这时我的体会竟像上班。假期对我而言是工作，劳动节名副其实是劳动。对我老婆这样上班的人来说呢？五一仍然是劳动，是工作，它有着工作的一切特征，精力的消耗、争分夺秒、指标和定额以及完全的被动性。当然，你选择哪条旅游线不是被动的，但一经选择，这被动就开始了。去几个景点？哪几个景点？逗留几分钟？何时起床？在哪里吃饭？这些都不由你说了算。像在单位里一样，你身处一个集体，自行其是是不可能的。对了，这里面还有人际关系。除非你觉得换一种工作对象就不是工作了，否则，旅游就是工作，或者说，像我们这样跟随旅游团的旅游就是工作。当然也有不同，上班的工作是挣钱，而旅游的工作是花钱。除非你觉得花钱的工作不是工作，否则的话，旅游或像我们这样随团的旅游就是工作。它自然有指标，还有合同，比如，这一路保证你能看上几个景点。尽量多看几个，亦是对旅游质量的一种要求。于是乎加班加点就不可避免，紧迫感、讨便宜或者上当的心理便油然而生。这一趟是赚了还是赔了？我们心里也很有数。得失的计较在所难免。费力劳神，累得气喘咻咻，到底是为了什么呢？反正不是为了休息放松。我们到过一些风光秀美的地方或者风情万种的所在，或是自然景观，或是人文古迹，或是商业气象，有照片为证。这些照片可以拿到办公室里互相炫耀，你到过云南，我到过越南，你到过张家港，我到过香港……这里面便有了竞争，虽然，它发生在旅游的过程以外，却好像是旅游的目的。

现在的人已习惯于工作，一旦歇下来还真的手足无措，或者以工作的方式去休息，换汤不换药，还是工作，一样的辛苦和疲于奔命。应该怎样去休息呢？其实很简单，在我看来，不过是饿了吃、困了睡，摆脱上班的计划、时间表、定额和竞争，将这一切置于脑后，天绝对塌不下来。主动的放松和无聊即是休息。待在家里，什么都不干乃是医治工作后遗症的无上良药。当然你也可以去旅游，但最好不要有任何计划，不要跟团，也不要有“不到长城非好汉”的雄心。换一面风景事小，换一种方式事大。在一个地方无所事事地待上几天，随便逛逛，宾至如归，尤其是不要有任何紧迫感。这对市场经济下的旅游事业也许是一个损失，但对人心的将息调理大有益处。让劳动节长长的假期成为假期，而不要成为劳动吧。

人与路

人是人，但路不是路，它是我们从事人生活动的手段、方向，有时候也指目的。在此象征的意义上我们谈论人与路，谈论它们的关系。这样一来，可说的就多了，不仅“世界上本没有路，走的人多了，就成了路”，也不仅“世界上本来有路，走的人多了，反而没路了”。

俗话说，树挪死，人挪活。人生在世，总是要四处走动、闯荡的，因为这样才能生活得更精彩，也更正常。尤其是年轻人，好男儿志在四方，总是窝在家里，待在一个地方也不是个事儿。走路是必须的，也是必要的，但如何走这路？走什么样的路？却大有讲究。这里就面临选择。世上的路有很多，你走上其中的一条，就错过了其他的无数条。关于职业的理想便集中体现了这一点。是做个生意人？还是做个艺术家？或是当个工程师？抑或做个普通的劳动者？无论如何，总有道路可循。但时代的风尚不一样，人生的职业理想集中的方向也就不一样。在不同的时期，各条道路热门的程度也不一。比如像今天，很多年轻人都想当娱乐明星，在娱乐业的道路上就显得人满为患。一条路走的人多了，就必然拥挤，也不畅，真正能走通的毕竟是少数。于是便有了半途而废、改弦更张的做法。一条道走到黑是一种方式，多换几条路走走也是一种方式。但我们说那种经不起诱惑，吃着碗里看着锅里的机会主义者，往往是一事无成的。但不顾环境和个人条件的要求，一根筋的努力也很危险。这些还是指职业道路。在人的精神之路、价值观以及生活、工作的细节中选择只会更多，它们几乎无处不在，一旦把握不好，人生就是别样的了。

还有对道路的看法，也很关键。有的人——往往是大多数人，把道路仅仅看成手段，从一地抵达另一地的手段，而目的地才是唯一的目的。为了抵达目的地，实现其目的，对手段的要求就是通畅、快速。道路越直越好，在路上花费的时间越少越好。如果有可能甚至可以省略道路，眼睛一眨立马到达，岂不快哉！这样一来，不免忽略了道路两边的风光，忽略了原野，也就是世界本身。因此有那么一些人，对道路的看法截然不同。他们认为，过程是最重要的，是值得留心和享受的，看看花啦看看草啦，宁愿为此绕点弯路。何时抵达，或者抵达不抵达，对他们而言都无所谓。这样的态度人生不免洒脱，但却不是这个急功近利的时代所提倡的。

当然人并非是一成不变的，得看你身处人生的哪个阶段，以及天生的禀赋如何。道路也非只有一条、一种走法，它取决你怎样看待人生。人和道路的关系更是千变万化，不走不知道。还是让我们边走边体会边调整吧，谁让你是人，一个命定的“行者”呢?

过马路的时候要当心

据说，死亡是一个过程，也就是说，它有一个开始，有一个结束。无论是谁，都不是说死就死的。又有人说，人一生下来就开始走向死亡，也就是说，死亡开始于我们的出生。这话虽然深刻，但不免耸人听闻。人一生下来就开始死，那么，他又是什么时候开始生的呢？难道，父母交媾的时候他开始生，一旦降临人世便是生的结束？生之开始到生之结束不过是十月怀胎的过程。这么一推论，显然就导致错误了。或者说，生死是交织的，生的同时也就是死。生死相依，方生方死，生即是死，死即是生……呵呵，有点像念经。我们能不能抛开这些大而空泛的名言至理，确实地甚至是实用主义地界定一下死亡呢？心脏死亡或者脑死亡都不是我们所要采用的，因为它们不把死亡看作一个过程，而看作某种即刻性的质变。这不属于实用主义，而属于机械主义。人又不是机器，死亡不会是咔啦一下就运转不成了。死亡，既是生理的，也是心理的，所以说，它开始于一个过程，也完结于一个过程。它的的确确需要经历时间。

关于死亡，我们能知道的有两件事。一是，人必有一死。一是，人不知道自己何时会死。也许过着过着，他就知道了。一旦知道自己的死期，事情马上就改变了。我以为，从那一刻起，人便开始进入了死亡。换句话说，人知道自己何时会死即是死亡的开始。极端的例子有被医生宣判的绝症患者、刑期已定的死刑囚犯。不极端的例子则是那些垂暮之年的老人，虽然不能明确地知道自己哪一天会死，但来日无多的感受仍然是时间性的。那么，遭遇天灾人祸、突然暴亡的人呢？死亡是一个过程的说法在他们的身上又如何体现？也许你会说，他们也有预感，或者说重创之下并没有马上就死。再就是引入死后的生命，以便能够自圆其说。但，这些多多少少像是一种狡辩。因此我觉得，虽然死亡的过程或长或短，但并不是所有的死亡都需要一个过程的。那些至死都不知道死到临头的人无论年纪再大，都属于夭折。生、老、病、死，死亡的阶段居然被完全忽略，人生的不完整还有什么好说的呢？暴亡乃是悲剧，比死亡本身更可怕。所以诸位，过马路的时候要当心了。

抽象地知道人必有一死是一回事，切实地感受死亡是另一回事。与死亡为伍，在死亡中停留，我以为是人生的必修课。这就要求死亡是一个被感知的过程，要求死亡具有时间性，有其开始，有其结束。当然有人宁愿不要这过程，在不知道何为死亡的时候就死了。逃过了死亡带来的痛苦，但也丧失了成熟的机会。夭折者永远幼稚，没有死过的人根本就不知道生。这么说是羡慕也是惋惜。

说心

中国人喜欢说心，信心、良心、苦心、心口不一、心照不宣、心无二用……没有心这个词还真的很难办，不仅哲学思考需要它，日常用语也缺心不可。心，当真是深入人心，甚至成为理解世界万物的前提，某种无意识的不证自明的公理。这个心，到底是什么玩意儿呢？

显然，它不是指心脏，也不是指大脑，在解剖学上你找不到它的位置，但它又与人的生理活动息息相关。据说换心人会性情大变，遭遇痛苦、喜悦或愤怒等等情感时我们的心脏亦有所感。大脑里的一个念头可以影响我们的心境，一种思路可以带给我们以心的解脱或释放，也可能使我们郁结于心。那么，心是我们的情感吗？是念头、思想这些以物质为基础由此挥发出来的东西吗？心是人格吗？是性情吗？是灵魂或者精神这类虚质抽象没有实体的存在吗？但也不像啊，因为按照佛教的说法，纯粹的心是没有个性、分别、特征的，而人格、性情，甚至灵魂、精神则有个性、分别和特征。心肯定也不局限于自我，它也不附属于心理。心是认知吗？是观察力吗？或者它根本就是无稽之谈，是人们为了言说的方便而臆造出来的谎言？

但你取消心试试，不仅日常的言说会遇到障碍，整个的中国传统哲学和文化都将垮台。一位热恋中的情人是不会同意无心之论的，身为母亲的人亦然，还有众多的父亲、儿女、爷爷奶奶和第三代，兄弟姐妹以及朋友知己。没有心，所有的人际关系都将面临瓦解，或者变得险恶异常，让人无法忍受。还有那些追求真理的人、勇于献身或自我完善之辈都不会同意心的虚妄。心在他们那里作为至高的善,作为终极目标和超越的价值而存在。它就是绝对,是绝对本身。

这也是心在中国传统哲学和原始佛教中的意义。心在此处就是上帝，就是真理，就是至善和圆满。当然这里的心非同一般，乃是某种纯粹的无个性分别的平等之心。这样的心进入世间，与时空万物相结合，才产生了各种分别之心，心的功用、方式、发挥或扭曲，才有了言说中的信心、良心、苦心、贪心……至高至大的真理与世间具体物象的结合，取心脏的形象作为表征，可真是一项伟大的发明。这类似于基督教的神人结合，耶稣既是上帝之子，又是凡俗人类的一员。基督教以一个活生生的人——耶稣作为中介，而中国哲学或佛学只动用了一个词：心，当真是四两拨千斤啊。

也许心就是这样的一种可能，或者应该这样去体会，它一方面标志了人们苦苦追寻的超越性的无限和绝对，另一方面却直达尘世生活的各个方面、层面。纯粹的心是一切的究竟，而结合运用的心则是心的变态造作。此心非彼心，同质而异义，可以一概而论，但无法等量齐观。

话说灵魂

有没有灵魂呢？不管有没有，我们总有关于它的想象。它是无色无味的，集中的，灵敏的，一团东西，能够飘来飘去，有点儿像大海深处的水母，也有一点儿像被风吹到半空的一只塑料袋。它对于活人基本无用，因为活人有身体可供辨识。但对死人而言，灵魂却是唯一的依凭了。如果没有灵魂，人就没有死后的生命，死亡就是终结，而非告一段落。人死如灯灭，你真的相信这一点吗？或者真的能接受吗？

对于我本人，我是可以接受的，死就死吧，何必还有知觉？但对于我身边的人，亲人、爱人、朋友，对于他们的死，我却难以接受。我相信，他们是有灵魂的。否则的话，怀念又为了哪般？尊重死者又是何必？为什么还要掩埋，还要立碑，还要凭吊，还要追思以及悲痛？我们的思路追随着死者，一直追踪到了死亡深处。那一部分跨越生死界限，用于追踪的思想反映了我们灵魂的品质。只有灵魂才可能追随灵魂，只有灵魂才能感觉灵魂。玄而又玄，的确是一种离体的经验。

无爱恋，就无灵魂。爱恋不仅使我们出生，还使我们死后飘至某处。如果我们没有对某人、某些人的爱，就不可能追寻他或他们的灵魂。如果我们不追寻他或他们的灵魂，我们的灵魂就永不现身。爱，连接着过去和未来，使灵魂显现，使它贯穿事情的始终。

我们可以否认灵魂，但不可以否认这爱恋。它的的确确是存在的，通过我，奔向某处，奔向某人，哪怕他的身形已经消失。那样，这爱的指向只会更集中、坚定，就像对远景的透视，指向一点，也是景物消失的那一点。对死者的怀念不完全是回忆，回忆曾有过的共同的时光，更根本的，是此时此地，你觉得他与你同在。你并不真的想回到过去的那个时刻，也不真的想他就立马现身，出现在你的面前（闹鬼了）。就这样，阴阳两界，但同在，共时。爱过的人是不会消失的，死亡也不能使他进入有限的记忆中，他仍然在，这才是爱的洞见。

死者活在活人的记忆中，为了让死者活得更长久，我们得让自己的思想尽量延续下去，让自己活得更久。这说法太漂亮，太像那么回事，太合乎逻辑，太艺术也太文学，只是与我们的感情体验极度不符。让一个人死后仍然活着的不是记忆，而是爱，不是过去，而是此时。爱发现死者死后有灵，通过死者唯余的灵魂发现我们有爱。爱和灵魂互相发现，甚至发明。有如空虚发现了虚空，失去发明了乌有。

灵魂是虚之又虚的东西，没有人能说清楚它几两几钱，状貌若何。爱也虚之又虚，无质无形。但活着的生命感受到这爱的实在，或曰真实，灵魂也不应因它的虚质而被断定为谎言。

话说外星人

你相信外星人吗？相信外星人的智慧高于地球人吗？反正我是相信的，所谓天外有天，人上有人。随着人类认识宇宙尺度的扩展，外星人或高于人类的智慧的存在应不是一个问题。近乎于无限的宇宙，就只有地球这一粒微尘上有人，有可以称之为智慧的闪光，那不是太浪费了吗？太没道理了吗？林子大了，什么鸟儿都有，何况宇宙之大，什么人没有呢？

有和见面是两回事。即使是地球人，在茫茫的人海中相逢遭遇，发生那么一点点关系也绝非易事，是很难得的。且说三生修得同船渡，三辈子的因缘才勉强能使我们在同一地点碰面，上了同一条贼船，或者乘坐同一辆公交大巴，下来后各奔东西，又相忘于江湖了。虽说地球上人满为患，但一个人的一生中真正能谈得上交情的人不会超过两百个，点头之交以及面熟的也绝不会超过五千。所以说，人与人之间的关系绝大部分是错过，是不搭界，就像两条平行的直线，永不相交。比如我，就和孔子错过了，和耶稣错过了，和李白错过了，和卡夫卡错过了，和我爷爷的爸爸错过了，和更多的活着的人错过了。我的一生可总结为错过的一生。与相遇相比，错过的感受更深，面积更大。按此逻辑，地球人和外星人互相错过就再正常不过，见面相逢倒是一个奇迹。

这是概率问题吗？也许。据说地球上现在活着的人比在地球上曾经生活过的人总数相加还要多，也就是说到目前为止，地球上的活人要多于地球上的鬼魂。但再多，也不过几十亿而已。你知道银河系里有多少个“太阳”吗？两千亿（宇宙中又有多少银河系）！想想吧。说是天上一颗星，地上一个人，那是人的夸大其辞，是人的自大。在几十亿个人中寻求碰面都这么难，遑论在两千亿个太阳系中寻求智慧的遭遇！如果有外星人，他们为什么不来和我们见面呢？要知道这问题有多么的不知深浅，多么的不知天高地厚呵。人家干吗要来见你？难道就因为你是个人吗？是个人就有那么了不起和稀罕吗？

人因自大，否认外星人的存在，因为自大，埋怨外星智慧不与其见面（所以它就不存在）。人啊人，占据着一小段极其有限微小的时空，却以为宇宙是围着他忙活的。怎么可能呢？个人微不足道，人类也微不足道，甚至我们生存其上的这个星球以及供应我们生存所需的一切能源的太阳，在宇宙的大背景下也微不足道。尽量地去体会这微不足道吧，很多问题也就迎刃而解了。比如，就算外星人降临地球，凭你的法眼就能认出来吗？就算你认识了，凭你地球人的那点心机就能与其沟通吗？智慧的差距永远大于物质，人和猪的DNA有百分之九十以上都是相同的，但差距却如天壤之别。外星人和地球人之间的差距我想一定不亚于人和猪之间的差距，沟通、对话、理解、谈判，别扯淡啦！

话说预感

预感看似神秘，其实并不神秘，不过是针对未来而言的某种感觉。除非你失去了时间的概念，否则预感就是随时存在着的。明天下雨或是天晴，某件事能够办成或者办不成，这些都是预感。你觉得明天会下雨，结果没下，这并不能说明预感不存在，只能说你的预感不正确。有没有预感和预感是否兑现应该是两件事。预感在此可作为一个动词，我们预感，我们预感着。当然，我们力图使这预感和结果相符，至少也相去无几。

在小事情上，预感的准确率是很高的，不像我们认为的那样，那么的难得罕见。比如我写这篇文章，觉得它会完成，并看见了它完成以后的样子，一般来说，它肯定就会完成。再比如我们去一个地方吃饭，一面前往一面想象着那家饭店，桌子摆放的样子，如约前来的朋友，欢声笑语，把杯换盏，一般来说，我们的想象和随后到来的实际情况也差不了太多。

当然在大事情上，在关键的事情上，预感就变得比较困难了，其准确率也相应地降低了。这是因为牵扯的方面过多，又要求更为精准，加之人为因素因患得患失而更深广地介入，结果变得不可捉摸。比如你喜欢一个人，求爱有望吗？有一个大单子，合同是否可以顺利地签订？这可不比写文章吃饭，相对单纯。更别说天旋地转、国家民族的命运这样的大事了。小预感针对大事情，当真有点力所不及呵。

预感这玩意儿，在小事上比大事上灵，短期的比长期的灵。即使是天气预报，我们也知道，预报明天的天气比预报一周以后的天气准确率要高得多。那可是运用现代科技观测研究的结果，遑论人们本能的预感呢？还有一点，对别人或自身以外的事情的预感比针对自己的预感要灵。不难理解，所谓当局者迷，旁观者清。剔除功利，剔除人为地修正结果的努力，方能做到比较的客观。当预感混同于愿望是最容易出错的时候。预感，如果真的想有所作为，取消愿望乃是必须首先做到的。

预感之所以显得神秘，乃是斩断了它与结果之间的逻辑联系或因果联系。没头没脑的，唐突而骤然。再拿预报明天下雨举例。你觉得明天下雨，果然下了，甚至天气预报都说是晴天，这的确让人惊诧。谁曾想到你有关节炎、风湿痛的老毛病，一遇阴雨天气就会发作？也就是说，由于病体的关系你有着某种特殊的敏感。说到底，预感这玩意儿不是别的，就是敏感，就是特别的常人不具备或者已经丧失了的敏感。

不同的身体素质，不同的材料构成以及不同的知识背景和经验积累都会导致不同种类和方面的敏感。别说人了，就说动物。据说大地震的前夕动物们会十分不安，蛇出洞，鸡乱飞，狗儿狂吠不已……这都是某种特殊敏感的表现，只不过人不具备。我不是鱼，我不知鱼之乐，我也不是大震前夕的鸡狗虫鳖，不了解它们的焦躁恐慌。

人有着不同于动物的敏感，整个的人群，其敏感的程度、方向又因人而异。这敏感向着未来释放，就造成了众多复杂的预感。有的人加以刻苦训练，预感便能跨越更大范围的时空，涉及一般人所无法抵达的边界。这也没有什么好奇怪的，就像我们都有两条腿，有的喜欢在附近转悠，有的已远行到千万里之外。

大小圈子

写东西的人形成圈子是很自然的。“诗可群”，我的理解是通过写诗大家可以彼此结交，过一种与诗有关或者以诗为借口的特别的生活。这与人生的价值有关，当诗歌写作被确立为某种高级的活动，与此相关的个人自然也就卓尔不群了。这里的“群”指一般大众。写作的人结成“小群”，以区别“大群”，并因此获得价值上的优越，这便是圈子的秘密。

到此为止圈子仍然是纯洁的，它并非任何一种利益共同体，彼此的认同只在精神层面，而与物质的获取基本无关。一个无利可图的圈子，尽管骂爹骂娘、自大狂妄，甚至惹人生厌，但根本而言是无害的。对身处其中的人圈子却很有意义。我曾访问过一位“下半身”的成员，她坦言说，虽然“下半身”的集体发言自己不尽赞同，但这个圈子还是保护了她，使她有信心继续写下去。

的确，在写作之初，某种互相认同是很必要的。文学从根本上说乃是一件虚妄之事，但你并不可能抱着如此虚无的认识去从事写作、踏上写作之路。你得认为这件事高级或者高尚得足以让自己投身进去，你得认为自己的才华足以在这件非同寻常的事情中得以彰显。如上的认识只有从别人处而来，从圈子里而来，并不能如功成名就以后从大众的接受以及名利的回报处而来。关于写作的两个疑问自始至终扰乱人心，一个是“写作有意义吗？”一个是“我有写作的才能吗？”在写作者不同的处境里这两个问题都会不时地出现，尖锐得如同针刺。不同的处境有不同的平复办法，不同的安慰剂，这还有什么好说的呢？

圈子是始终存在的，也是始终必要的。只不过，后来（如果有后来）这圈子变大了，不是指规模、人数和涉及的阶层，而是指掌握的社会能量。精神上彼此确认的小圈子有一天就换成了名流出没的名利场。那些指责别人搞小圈子的人也许身处一个名利深重的大圈子里。小圈子可以变成大圈子，如“今天”写作群同仁，当年的主体是北京的下乡知青，大约只有舒婷一人来自外省，圈子不可谓不小。也有的小圈子永远只是小圈子，因为没有把事情弄大，搞到底，就被钉在了小圈子的耻辱柱上了。什么“党同伐异”、“互相吹捧”、“狭隘短视”、“重复模仿”……不一而足。摆脱这些指责的唯一的办法就是进入大圈子，那儿不仅有彼此认同欣赏吹嘘的好事，更切实地有利益名望的馅饼，因此它更加的牢靠、团结和坚韧。尽管有这么多的优点，但圈子一条是否认不了的（尽管是“大圈子”），所有圈子的毛病也都是免除不了，比如“党同伐异”，比如“互相吹捧”、“狭隘短视”、“重复模仿”。翻开今天的文学期刊、专业评论杂志，总是那么几个人、几条枪，总是那么一种腔调、说法，那么的一种内外有别的居心。这不是圈子又是什么？

连娱乐界都自称娱乐圈了，只是我们的写作界仍心存幻想。或者，有人想把“圈子”一词作为某种另当别论的指责、侮辱，送给潜在的对手。

三种人

读小说的人分三种：专家、爱好者和一般读者。一般读者读小说是偶尔撞见的，或者是由于受蛊惑。就像我并不是一个球迷，但每逢世界杯也会看上几场，也会觉得好看。小说爱好者则不一样，他能从小说的阅读中得到特殊的乐趣。读小说对他而言是一种生活，或者是生活中很重要的一个部分，是看电影或者看足球所不能替代的。专家则是握有小说鉴定资格证书的人，并不一定就热衷于小说阅读。读小说对他来说是本职工作，是靠它来吃饭谋前程的。读小说在这三种人那里意义不同，总结如下：在一般读者那里是附庸风雅或凑热闹，在爱好者那里是沉迷其中的游戏，在专家那里是职业活动。

由于阅读的意义不一，对小说的要求自然相去甚远。一般读者要求的是可以置换的刺激或看点。比如说色情、谋杀——当然还有其他。在一本小说中如果有这些因素更好，如果没有，从新闻报道或影视作品中也能获得，不一定非得小说不可。当然，一本小说对他来说有价值，就非得有以上的因素。爱好者对小说的要求，是只有小说才能提供的乐趣，是在文字的叙述中方能显现的奇妙。这种奇妙是不可以置换的。影视有影视的妙，音乐有音乐的妙，但他却爱上这小说之妙。专家对小说的要求大抵是在小说史中的意义、文学史中的意义，或者文化乃至文明历史中的意义。对一本小说之外的“他者”不构成意义的小说自然是不可取的，对一本小说混迹其中的整体不构成意义的小说自然不足道哉。

这三种人，从自身的理解出发，都可能写作小说。一般读者写小说是由于羡慕小说家的名誉声望，如果他能以其他的方式出同样的名，自然就不用去写小说了。他对当小说家的感觉远远要大于写小说。爱好者写小说是一件自然的事，读得多了，读出了妙处，自然想自己操刀。很多小说家都来自小说爱好者，从此开始，若能做到得心应手也只有一步之遥。但这一步不可谓不大。专家写小说则很有点舍我其谁的意思，从好的方面说，他是痛感小说写作的没章法、不出息。基于对小说理论和大势的优先了解，可望能制造出符合标准的重要作品。因此，专家写出的小说不免离乐趣很远，而一般读者写的小说则失之于俗气、平庸。爱好者写的小说由于模仿的痕迹过重，有时不免涉嫌抄袭。

这三种人，读小说的状态也极为不同。一般读者是可读可不读，碰上什么读什么，什么热闹有名读什么。爱好者则只管自己喜欢的，不喜欢的连瞅都不会瞅一眼，更懒得说。专家则什么都读，都得说上两句，好的也得说出不好，不好的也得说出好。但他深知一个前提，就是好和不好都是他说了算的。那么，作为一个写小说的人，我最信任和看重哪类读者？肯定是小说爱好者。也算明确地表个态吧。

一对怨偶

作家和评论家是一对怨偶，他们总是吵闹不休，但谁都离开不了谁。

作家离不开评论家，因为他的作品需要得到评论，只有通过评论才能广为人知，才能登堂入室。评论家离不开作家，因为他需要有东西可评可论，作家的作品乃是唯一的对象。所以，愤怒的评论家会对作家说：“要不是我，你还不知道在哪里玩泥巴呢！”作家则回敬道：“要不是我，你还不知道在哪里喝西北风呢！”说得都有道理。

但，作家和评论家从对方那里要求的东西并不完全相同。作家要求的是闻达，是出人头地，而评论家要求的则是饭碗，是吃香喝辣。后者的要求从原则上说属于生存的范围，位于最低点。而前者的要求则是至上的，属于精神荣誉的范围。因此作家们往往喜欢谈论他们的尊严，评论家则一再强调自己的权利。但无论最高点或是最低点，都是很要命的。最高点关系到一个人的不朽、来世，最低点则关系到一个人的活命、现世，同样的都刻不容缓、重要之极。

如果作家降低要求，或者评论家提高要求，要求的都不那么极端，往中间靠，事情或许会好办一些。至少，双方的关系就不必那么的紧张了，亲热的时候也不会那么的你我不分了。好起来就像是一个人，坏起来就像有夺妻之恨，这都是由于神经高度紧张所致。为何如此紧张？因为功利，无论这功利关系到生存或者是精神上的沽名钓誉。有功利处必有紧张，关系的紧张、不放松。真可谓小人之交甜如蜜，突然就变成了不是冤家不聚头。恩怨、爱恨、冷热、反复无常便是题中应有之意。说作家和评论家是一对怨偶一点也不为过，说他们的关系是一种淫乱也很有几分道理。

在这样的一种关系中，我们所看见的文学评论大多可称为“激情评论”，肯定、否定的倾向是必定的，不仅如此，总是那么的激情澎湃、大言不惭、不能自已。夸人的怎么看都像是情书，骂人的怎么看都像是情敌所为。作家们偶尔谈起评论家，也都那么酸溜溜。要不说：我从来不把他们放在眼里。要不说：在写作的道路上，他们一直扶持我、引领我、成全了我。

我觉得，激情是一个标志，怨偶总是满怀激情的。在作家和评论家的关系中摆脱激情的控制是一种解放，解放了自己，也解放了对方。作家不要把他的希望寄托在评论家那里，最彻底的是他不要抱有任何希望，努力和愿望割裂开，工作和目标割裂开。评论家则不要把评论作为饭碗、职业，最好他自己就是作家，或者把评论写成作品，评三流的小说而成就一流的作品。在私下里，作家和评论家尽可以是朋友，但在写作中理应各行其是，以避免怨憎会的结局。

写长篇

一位诗人要写长篇小说，我劝他不要写。我的原话是："长篇小说不是人写的！"意思是这是一件超出想象的苦差事。我指的是那种追寻文学标准的好长篇，不负责任的凑数的玩意儿则不论。如果你有文学野心，想制造出多少合格的作品，选择长篇小说就是选择了最难，选择了最困难的。

首先是体力的消耗，由于篇幅，由于时间的跨度，这就不用说了。长篇小说得一个字一个字地写出来，得写那么多的字，加之历时较长，没完成之前你的心里总是搁着一件事。时间的叠加构成了某种心理上的折磨。性子急的人是绝对写不了长篇的，急功近利者更是如此。那玩意儿一时半会儿看不见效果（不像写诗）。所以有人说写诗就像艳遇，写中短篇小说像谈恋爱，而写长篇就是婚姻了。婚姻的苦，结过婚的人都知道，而婚姻的乐，则不是习惯于恋爱的人所能习惯享受的。还是朱文说的好："写长篇就是在里面过日子。"过日子呀，琐碎的生活、日常的责任应该是最主要的，而荣耀和光鲜露脸的部分则不免退居其次。还有一个通俗的比喻，就是生孩子，十月怀胎。一部长篇小说的酝酿写作过程恐怕还不止十个月，有的长达数年乃至一生（比如马尔克斯的《百年孤独》就写了八年，再比如《红楼梦》这样的巨著一辈子都没有写完）。但又有哪一个作家不把他们的苦心经营的作品当成自己的孩子呢？

这还是顺产的情况。在孕育过程中我们会一再地审视胎儿的生长状况，我认为最可怕的折磨就在这里。如果你想要一个男孩，但怀的是一个女孩，那该怎么办呢？如果她被检查出患有先天性遗传或后天药物影响而导致的残疾，那该怎么办呢？是停止妊娠，再怀一个，还是顺其自然任其生下一个残疾或智障的婴儿？在写长篇的过程中，这种超级敏感的审视一如孕妇去做超声波检查，并且写作中的审视完全是主观的，也就是说不一定正确。常常是不堪于心理的压力，我们去“流产”了，从头再来。流产的次数多了便成为习惯性流产，怀上一个胎儿直至把他生下来就成为不可能的事。

所以说，写长篇不仅是过日子，不仅是生孩子，还得允许自己生一个想象以外的孩子，甚至残疾的孩子。患得患失的心理是非常要不得的，敏感得过分也使我们寸步难行。知道写得不好，甚至一塌糊涂，还要继续下去，你能承担起这份负荷吗？完全绝望了，但一如希望尤在，你有这样强大的面对虚无的力量吗？按我的说法就是：当计划、筹划、准备、预想、控制等等的主观因素都失灵之后，你已经麻木，在此前提下仍然有所作为。写作，直到麻木，这才真正找到了一个起点。

毛焰说：“快，是艺术的敌人。”写长篇尤其如此，要慢到心理的时钟停止摆动，和日常的生活平行，不仅是像在里面过日子，而是，就在里面过日子。把写长篇变成生活本身。急功近利、经不起折磨、超级敏感、期望过高这些有碍于生活的品质和做法同样有碍于长篇的写作。像生活一样，就是生活，说起来容易做起来难。

所谓经典

经典没有那么玄，不过是被反复阅读的作品。如果你的书能被反复阅读，你就写出了经典。有时候反复阅读发生在同一个人那里，有时候，则发生在不同的人那里。今天有人读，明天还有人读，甚至几十年以后以至一百年后还有人读，这经典作为经典就更牢靠了。当然，经典有其“位置”，位置的意思就是人家告诉你这是经典，没被阅读以前就已经是经典了。等你读了以后觉得也不过如此。经典的位置存在于教科书中、专业史中，存在于权威人士和机构的评判中。位置使一些书成为“优先的”，因此写书的人无不争取。

我的意思不是经典的位置上没有好书，而是说光考虑位置难免不是自欺。经典的位置等于经典，不朽的名声等于不朽，就有点过了。一说起经典，不少人的脑海里立马浮现出精装加厚封面上烫了金字的大部头，被置于书架上最显要的位置。的确，经典的位置有时候就是书架上的位置，而书架，它最必要的功能是用来展示的，而非用于阅读。有堂皇书架的人不一定读书，好读书的人没有书架也读。你是愿意自己的书被真的阅读，还是更愿意它列于一个想象中的极具威严的书架之上？这确实是关于经典的两种不同的追求。

如今读书的人变少了，是坏事也是好事。坏事在于很不利于写书人的自信，还有生存。好处在于，如果碰上一个读你的书的人，那可是实打实的。把书不当书来读的人或者行为例外，读完以后就用来擦屁股了（是比喻，这年头没人用书擦屁股，嫌纸太硬）。如果读完以后唤起了珍惜之类的感情，作为作者你会觉得太感动了，书没有白写。可惜的是，这年头例外的事比不例外的要多，大多数的书不是闲置在书架上，就是读完以后被当做了废纸。于是便出现了一个有悖于常理但毫不奇怪的现象：读书的人在变少，人们不像以前那么好读书，但书籍出版却异常汹涌，势若洪水，很多书被送到废品回收站时还是新崭崭的。不像以前，一本书经过不知道多少人的手，没有了书皮，缺页破损，边角翻卷。那样的书，看了真让人踏实啊！所以说，经典不能凭销量，那是没谱的事，要看实际的阅读。然而这太难统计，基本上没有可能。

也许应该关心一下同行是否在读你的书，特别是年轻的同行，是否在读你的书。比如你是写小说的，写小说的晚辈读不读你的小说？你是写诗的，写诗的晚辈读不读你的诗？其他专攻亦然。不仅读，读了以后还很珍惜，那么你就有指望了。写书的人只能活在另一个写书的人那里，一本好书只能用另一本受其影响、感染、启发的好书来说明。也许你并不能知道和决定未来的事——它由后来者决定，但你能决定你的前辈，决定他们是否是写出了经典。海明威、卡夫卡、吴敬梓都是这么被决定的，他们活在后来者也就是我们的写作中。责任重大呵！

跌到高处——谈《狂欢》及伊沙的写作

一

有人把小说作为一种写作的方式，有人直接写的就是小说，二者有很大的不同。伊沙显然属于后者。读罢《狂欢》，我产生了如下的想法：伊沙是一个小说写作的“原教旨主义者”，而绝非是一个小说写作的“改革家”。他的写作属于“三言二拍”、《金瓶梅》一路，或者是拉伯雷、塞万提斯、高尔基一路，而和现代主义的传承（卡夫卡、乔伊斯等）基本无关。伊沙注重的是故事、叙述的趣味以及语言的诙谐刺激，在如今的写作环境下应该是很少见的。

当代汉语小说写作中，迷信技术者有之，形式至上者有之，理念先行者有之，而像伊沙这样瞄准小说本身的则凤毛麟角。大家都愿意走偏门，不行大道，练习独门暗器，荒废了正宗的武学。小说以艺术之名、精神产品之名变得越发“高级”，遂成为少数专业人士的掌上玩物。谁还敢说小说就是小说呢？小说成了“大说”、“胡说”，或者“大话”、“胡话”、“废话”，不说人话了。加之“绮语”、“妄语”，真是各逞其能，终至脱离其自身的本源。小说的脱离并非如很多人认为的那样，是和现实的脱离，乃是和小说功能的脱离。小说，按其定义而言乃是世俗化的产物，谁又能正视这一点呢?

如果说有小说精神，有所谓的小说精神，那一定就是世俗精神。至少，在传统或正统的小说中如此。世俗精神不等于也不同于商业精神，后者才是时代的产物，但人们总是加以混淆。世俗精神是古老的，甚至是永恒的，它与小说同在。脱离了世俗精神的小说犹如脱离了地气，这同样与“把握现实”无关。“把握现实”作为一个小说目标本质上乃是“脱俗”的，大而无当的。

伊沙的一大贡献就在于他重拾世俗精神，作为其小说的出发点和支撑，随之而来的则是小说生产力的极大解放。在这本《狂欢》中有着小说写作者们孜孜以求的值得夸耀的诸多因素，如“现实性”、“时代感”、“史诗”、“社会生活”、“个人经验”……但这一切都是最终的结果，而非加以追求的目标。《狂欢》就像是从现实的身体上硬生生地撕咬下来的一块肉，鲜血淋漓，但若要用“把握现实”、“关注现实”或者“现实主义”进行阐释则十分勉强。诸如此类。

二

倒果为因的事我们不干。作为伊沙的同行，也是一个写小说的，我更关心伊沙写作的动力机制。思来想去，唯有“诚实”或许可以加以说明。“诚实”并非是一个针对写作者的道德判断。

首先是对作为小说写作者自我的诚实，包括对自己能力的估计、趣味的认同以及世界观方面的自足。伊沙是一个俗人（谁又不是呢？），但他从不避俗，在其写作中不见回避和掩饰的倾向，反倒倚重于此。以退为进，向自己索求，正是伊沙的不同凡响之处。这是一个知道下降、收缩而不一味谋求上升和盲目膨胀的家伙。伊沙绝不干力所不及之事，他的整个状态是与作品平行的。俗人伊沙热爱生活，毛病多多，就这么把一股热腾腾的复杂气息畅快地灌注到他的小说中去了。看似简单的事却需要难得的明智、勇气和力量。

其次是对小说本身的诚实。作为一门古老的技艺，小说是在读与写之间、在人与人之间展开的，因而有着必然的限定、规律及窍门。伊沙不仅只写自己能写的东西，同时也不写自己读不下去的东西。作者与读者双重身份的兼顾、平衡使得他的写作极富“人性”。有评论说《狂欢》是一部好看的小说，只是强调了其中的一个方面。在我看来，伊沙并不以现实的读者为向导（那是商业文学的必然），而是以专业的严肃探寻了读与写的互动。简单的迎合和简单的固执一样，对小说的实现、功能的释放都是有害的。对小说的诚实就是承认其方式的有效性，并付之果敢的实践，伊沙做到了这一点。

第三，是对生活的诚实。伊沙不写自己不了解的东西，也不写自己没感觉的东西。按他的话说，就是“故事可以虚构，但细节一定要真实”。说得虽然简单，但不失为一项重大原则。它的实施不仅避免了小说写作的虚无之感，使作品具备了来自经验的活力，也解决了虚构与现实、历史与时代、个人与社会、“我”和“我们”等等观念上的无谓之争。这既是小说写作的某种方便法门，在伊沙那里更是“生活——写作”的一种究竟。

三

下面具体地谈谈我读《狂欢》时的一些感受。

初读之下不免觉得粗糙、随便，但这种不适的感觉最多维持了十页。往后读，便被牢牢地吸引了，欲罢不能，觉得写得精彩，实在是好。或是伊沙的文笔已经滋润，或是其他什么因素抓住了我。同时我也担心，如此精彩的叙述能持续多久？毕竟，这是一部近四十万字的作品。担心转换为挑剔，但还是不知不觉异常兴奋地被裹挟而去，直到整部书的结束。其中去陕北开会一段，我觉得主角冯彪显得有些假正经，主要是与前面的表现不符。就算是因为失恋，某种近乎于人格的假正经也是不恰当的。就其小说本身而言，这一段却写得尤为出色。再就是结尾，至此，伊沙的叙述十分的肆无忌惮，笔力雄浑，但他安排两个人死亡，我以为还是落于窠臼了，有了某种关于文学史的野心。全书都非常地出彩、抓人、气势连贯也高潮迭起，但我觉得最不可思议的是去陕北开会和做客焦馨家两段。前者复杂缜密、功力非凡，后者则写得非常飘逸，已达神奇之境。我要说，从整部作品看，《狂欢》真是一部了不起的杰作，不说在当代汉语小说中绝无仅有，至少，在一个方向上是绝无仅有的，而这个方向是不可或缺的。现在，总算有了。

四

在我的朋友中，我从未见过一个像伊沙这样热爱文学的人，并且只热爱文学，在最通常的热爱的意义上热爱。伊沙只爱文学，而不爱其他，也就是说他不爱文学之外或之上的东西，不爱高于文学的东西，也不爱低于文学的东西。这就使伊沙避免了知识分子式的好高骛远和力不从心，也没有落于商业写作的那种目光短浅。作为一个作家，伊沙肯定不是以“超拔”见长的，并且“入世”颇深，但你若以为他的目的是畅销和哗众，那真是天大的误会。名利伊沙自然喜欢，但一切都得从文学中来。如此的信念和实践在伊沙那里并没有使事情复杂化，反倒更加单纯了，这真的很奇怪。一个奇迹，但不是属于伊沙个人的奇迹。有这样的一种文学写作者和文学写作的存在，应该是一件幸事，使我们的文学避免了要么一头落空要么一头陷入淤泥的尴尬境地。从某种意义上说，伊沙的写作为我们保存了某种文学的“实体”，而这“实体”最重要的部分就是我所谓的“世俗精神”。

伊沙一直是以诗歌写作为人知晓的。读了他的小说后，我坚持认为小说的方式更适合他。他是一个天生的小说家，并且天生是写长篇小说的，写鸿篇巨制大部头的。就像他自己说的：“这活儿适合我”。比较而言，小说的世俗化程度更高，至少“作为小说的小说”如此。由于伊沙的禀赋和状态，诗歌之于他必然是一种限制，而小说则是一种释放。伊沙是一个需要也有资本释放自己的家伙，限制使他的毛病变多。

有人说伊沙是慢热型的作家，我则认为他的写作磕磕巴巴。通观他写作至今的过程，真是每一处都留下了痕迹，划痕、拉伤、挫折，甚至失败。伊沙真是不容易。每一次大家为他的成功而欢呼的时候，又有谁知道那是杀出重围的一种效果？他的这种坚韧、命大、“结结巴巴”和孜孜以求表明这是一个有着“冠军相”家伙。《狂欢》的出笼更说明了这一点。反正我看好伊沙，他一定能以自己独特而不羁的方式奋不顾身地“跌到高处”。

再见棉棉

我在上海有不少朋友，但只有一个晚上，该去见谁呢？想来想去还是去见棉棉，因为她比较好玩。打电话的时候是十点钟，棉棉说她马上出来。上海这样的地方，能深夜十点以后答应见面的恐怕也只有棉棉了。她依然那么疯，那么的年轻冲动，这真是太棒了。

上次见面距今已经整整八年了，距我和棉棉第一次见面时间就更久了。记得第一次是在南京，棉棉和卫慧特地从上海跑来探望在宁的“文学界人士”。那时候她们都还没有出名，互相之间也没有反目成仇。相反，棉棉、卫慧当时很要好，出双入对，否则也不会结伴前往南京了。据我观察，在两人的关系中棉棉居于绝对的主导和支配地位，卫慧则对棉棉欣赏备至，甚至于崇拜，在言谈行事上不免有模仿之嫌。后来棉棉、卫慧的那场官司闹得沸沸扬扬，几乎全民皆知（我的一个远房老亲戚居然到我们家来搜寻卫慧的小说），起因便是究竟是谁抄袭了谁？就算我没有读过棉棉、卫慧的小说，也会断定是卫慧抄袭棉棉的，何况我还真的读过。卫慧对棉棉的模仿（抄袭是其极端）应该说早在文字之前也超出了文字的范围。一个人“爱”另一个人能达到如此的程度当真令人吃惊。无论如何，我相信卫慧对棉棉的抄袭是基于“爱”或“崇拜”的，这是它的与众不同。

然而外界并不关心这些细节，两个疯狂的女人吵架乃是大伙儿的娱乐节目。谁想在这场争吵中居于道德上的优势几无可能。从一开始两个人都被定义为“小丑”，只有小丑才有意思，才是值得关注的。回忆当年的炮火硝烟，棉棉说：“当时报纸上把我们称作‘卫生棉’，这个发明真他妈的太牛逼了！”听其口气她已置身事外，有几分超然了。棉棉还说，当时我曾告诫她，如果应战的话肯定会弄得两败俱伤。我真的有这么英明和富于远见吗？棉棉又说，我还提醒过她把卫慧的抄袭做一份详细的备忘，以防万一。我真的有这么精明和阴险吗？真的全不记得了。

“卫生棉”终于出了大名，但当事人付出的代价却很惨重，尤其是棉棉，和她的模仿者共享臭名昭著的“荣誉”，并且压倒性的舆论认为，棉棉是借卫慧出的名。毕竟“恶人先告状”，一无所有者更具备竞争的原始动力。棉棉的损失还有很多，无法正常地写作，即使那样写了也无法得到认可。她已经被定义为“喧闹、虚荣、时尚和速朽”的。所经历的那些丰富而奇异的生活，所具备的那种直觉加狂野的才华终无说法。而这一部分正是我所期待棉棉的，因为环顾四周的确无人可以替代。

好在棉棉已经平静了许多，并且念念不忘写作。临别时她送给我一本她的新书《熊猫》，让我务必要读，即使不喜欢也要读下去。这本书现在就在我的手边。在翻阅之前先写下这篇文字，算是对它的期待吧。

两个世界

说起“童年”一词，我们会想到什么？想到的是阳光、尖叫、奔跑、户外活动、打闹、游戏、笑声、小伙伴、玩具以及无忧无虑。想起童年的时候，人应该面露微笑，心中充满温暖。他之所以羡慕孩子，是因为孩子有一个美好的童年，之所以喜欢回忆孩提时期，是因为那美好的岁月已经回不去了。总而言之，童年是值得一过的，为此才负责任地生下孩子，才在幻想中一次次地回到童年。也许，我过于理想化了。然而，童年的美好却是一项原则，理应如此。否则的话，生儿育女就是一个错误。

童年并非成人的预备期，并不是以成人世界为目标的。它自成体系，有着属于自己的生之乐趣、生之意义。即使是为了不可避免地成人，也不可牺牲童年的美好，即使“哭还在后面呢！”孩子们也要尽情地玩乐。总不能因为“哭在后面”现在就哭，如此一来，这一生不是太过悲哀了吗？怜悯孩子们吧，因为他们的快乐是自发而本能的，而一旦成人，快乐的获得却需要经过调节，甚至想象。我们又何必将他们天生的快乐调节成焦灼紧张呢？就因为要和成人的状态保持一致，以便接轨？趁他们能玩那就玩吧，趁他们能乐那就乐吧，这才是对孩子们最好的祝福。

成人世界不可作为某种阴影覆盖在童年之上。没错，两个世界迟早是要相遇的，但为什么非得是儿童变成成人之后进入成人世界，而不是带着他自己的世界以改变另一个世界？

就目前的情况来看，两个世界的互相渗透中成人世界占尽了上风，且愈演愈烈。成人世界的规则、目标、价值以及强力正肆无忌惮地侵入童年世界，甚至连母腹中的胎儿也不放过。总有一天，孩子一生下来就老了，就是一个地道的成人。这在神话作品中出现的一幕可望通过现代科技、教育以及灵魂工程在不远的将来实现。如此一来便万事大吉或万事皆休。“童年”将蜕变成一个和现实无关的词，仅仅意指人类早期。的确如此，整个人类正在迅速地变老，其标志就是童年生活被尽量缩减。无忧无虑的童年、自在自为的世界正在被霸道的成人世界所侵吞。仅仅过了二三十年，这一切是如何发生的呢？

女孩五六岁来月经，男孩七八岁长胡子，并不完全是肯德基吃多了，也不仅仅是某种意外。考虑到胎教的盛兴、神童早慧的鼓噪，所有的这些现象都是一种预兆。有人感叹写作队伍的低龄化、少年作家表现出的老辣，与其说是我们的文学变年轻了，不如说是孩子们变老了。他们就像童子军一样，玩的却是真枪实弹，在成人的世界里以成人的方式开辟出一片天地。各领域内“成功的”孩子更容易成为孩子们的榜样以至偶像。孩子们登上历史舞台成为主角并不意味着成人的退缩，乃是他们扩张的胜利。唯一的失败者是孩子，犹如失去了家园的难民，只有在异国他乡奋斗打拼。

童年游戏

儿童最主要的任务是游戏和学习。学习就不说了，谁都知道它的重要，而游戏却大有可说之处，也有说的必要。实际上，游戏和学习并不矛盾，凡有游戏的地方必有所学，但有学习的地方却未必有游戏。将学习从游戏中分离开，使其对立，以至最终取消了游戏是童年生活的苦涩之源，即使是寓教于乐的策略手段也无法补偿孩子的损失。

孩子们需要的是纯粹的游戏，是为了游戏而游戏的游戏。以书本或技能学习为目的的游戏则有违他们的天性。儿童游戏应取消具体的目的，特别是学习的目的。在看似无目的的游戏中却应有尽有，包含了一切，从中获得的东西乃是有目的学习所无法比拟的。换句话说，儿童游戏的目的就是玩，玩好了，玩对了，一生将受益无穷。

首先，在游戏中孩子们学习生之快乐，生之乐趣。“学习”一词也许不够准确，实际上乃是直接品尝。在游戏中孩子们品尝到生命的欢乐、存在的欣喜。生活值得一过的认识不是作为教条被灌输的，而是一种亢奋的体验。很少会有孩子感觉到空虚无聊，只要让他们玩得痛快，只要有的玩似乎一切都不在话下了。

在游戏中孩子们学习集体意识。有游戏就有伙伴。无伙伴的孤独的游戏对孩子们来说是不可取的，是一种病态的需要。人是集体动物，与群体的关系、与他人的关系的重要怎么说也不会过分。在集体游戏中孩子学习他作为人的现实。如果他自小生长在狼群中就将是一个狼孩，尽管有高于狼的多余的智力。他必须生活在人类之中，生活在人类的儿童之中，和他们共同成长、相互说明。

在游戏中孩子们学习规则和竞争。游戏的规则和社会生活的规则在本质上并无二致，它是前提性的，同时也是人的创造。在游戏中孩子们学习遵守规则、改变规则和利用规则，以便在竞争中胜出。儿童的游戏虽无具体的功利目的，但一定有游戏的结果，这结果就是输赢、高下以及由此导致的荣辱尊卑。这部分的学习在今天尤其受到重视。但通过游戏的方式却有一个好处，就是假戏假做，既体验了有关的心理又不必为此负责、过于认真，因为毕竟是游戏。当然游戏越来越真（假戏真做）的时候就脱离了游戏的轻松，因此有必要将其限制在游戏的意义之内。

游戏之于孩子们还有更多的好处，比如它是一种身心活动。身体的参与能增强体质，身体的学习更加的刻骨铭心。在游戏中，身体与世界物质的接触更加直接，磕磕碰碰，以至于流血受伤。人毕竟是自然之子，和周遭的世界同根同源，他（它）们的接触应该具有重大意义——尽管我们尚不能完全明白。因此，在游戏中我尤其提倡户外以及和身体相关的游戏。

再者，当我们成年之后，诸事不顺、万念俱灰，感叹人生无常时不免想起了童年的游戏。游戏人生的态度乃是抵抗压力焦虑的一件有力的武器，那粒觉悟的种子早在孩提时期就已种下了。

反叛的少年

少年是童年向成人的过渡，这是一个非常特殊的时期，转变带来了困境。少年人貌似儿童,但不是儿童,向往成年,但又远非成年。成年人有成年人的把握，儿童有儿童的安详。据说人格在五岁以前就已经形成了，这之后便是顺理成章的成长，及至少年，童年的那一套已经不管用了，全新的因素介入进来。身体的变化以及性意识的觉醒是少年必须面对的问题。性的重要性自不待言，我们用一生尚不能把握和消受的性猛然进入，其震撼和影响力可想而知。绝大多数同性恋的性倾向都是在少年时代形成的，此外，人们迥异的性爱和欲望模式大多也起源于这一时期。生理的发动构成驱力，少年的经验需要重组，这重组有时直达心灵深处，有时，只是停留在行为方式的表面。因人而异，因遭遇而异。但总而言之，少年是一个人格重塑的柔软时期。重塑、修补或破坏。这一时段的重要性可能仅次于人生在世开始的那几年。

但少年最主要的问题还是社会问题,归根结底是一个权力问题。少年人从原则上说已脱离了成人社会的庇护，从附属性的存在变成了预备队员。在此之前，他们和成人之间的关系是依附性的，而现在却成了竞争的对手。有对手的含义但没有对手的实力，这是少年人深感软弱无能的原因所在。因此，少年人的攻击有时异常猛烈，效果就像偷袭而非正大光明的对垒。反抗是普遍的，势在必行的，但显得非常犹豫、矛盾，反复无常也缺少章法，充满了试探性以及不计后果的危险。平和乖巧的少年人受到赞誉，但那赞誉是来自成年人的，在少年同伴中则很少会有市场。作为一个“部落”少年是高度紧张的，始终处于战备状态。勇敢的攻击分子在他们中间大受欢迎，哪怕是象征性的攻击，象征性的反叛。少年人最爱象征，因为实际的胜利无望。他们奇装异服，爱好时尚，使用只有他们自己才能听得懂的生造的语言，一些歌曲、一些玩具、一些行为做派，且不可小瞧这些。它们正是少年部落所需的标志、图腾，既指出了自己，又对成人世界进行了恐吓。不能取而代之，起码也能起到激怒的作用。少年人比想象的要团结得多，至少在精神氛围的意义上。成年人的团结依赖社会组织，不免有恃无恐，而少年人的团结更具有精神道义方面的含义。

少女的反叛则比较依赖于身体节奏，身体的波动一经结束，针对社会权力的反叛就成了强弩之末。我们的社会毕竟是倾向于男权的，少年男子和成年男人互为对手，而少女则是他们共同的猎物。竞争、攻击、显示力量也不是少女进入成人社会的必由之路，她们可以以附属的身份平安抵达。当然，附属有附属的问题，这不是本文所要讨论的。顺便说一句，在女权运动不断扩充势力范围的今天，少女们不免也受到了感染，但年龄的弱势比较性别仍然是最迫切的问题。少女的反抗主要针对的是“老妇女”，而非“老男人”。等有朝一日她们成了“老妇女”，反抗“老男人”和一切男人才真正地被提上了议事日程。

个人主义的青年

青年是人生的光荣。孩子们希望自己尽快长成高大的青年，老人喜欢回忆他们的青年时光。只有青年人哪儿都不想去，在这一时段里能赖多久就赖多久。似乎，青年是人生的目标、究竟、巅峰，过了青年人生就该走下坡路了。从生理上说，的确如此，青年是性欲也是性能力的全盛期。智力呢？有人不敢苟同。但就人类的智慧之花而言，最灿烂的盛开也都处于一些人的青年时代。释迦牟尼悟道在中年以前，耶稣至死也还是一个青年。钉在十字架上的尸体是一具青年男子的尸体，而非是大腹便便的中年男人的尸体。也许，人们对青年的留恋仅仅是因为美，纯粹的人体造型的美。女性在这方面应该有更多的体会和感慨。

然而，社会生活是相对滞后的。青年人以其身体方面的优势进入成人社会，但在社会标准的衡量下，他们却是幼稚的成年人，处于明显的劣势。从少年到青年不完全是一次生理上的质变，更重要的乃是立场的转向。进入社会的青年必须学会妥协，无条件地接受游戏规则，在此前提下通过竞争和奋斗，才可能有望胜出。继承旧世界乃是当务之急，开辟新天地从原则上说，开辟的不过是个人生存、发展的天地。青年人是社会权力的合法继承人，社会生活的青年期亦是社会人的诞生期。

因此，青年人远非想象的那样团结。他们是被打散了散布在社会生活的各个领域和层面的，各自为战。青年人也结盟，但不一定就和同龄人结盟，他们往往和年长者结盟，以打击和抵抗同龄人。一切视利害关系而定。社会生活中的党派之争永远是第一位的，代际辈分的冲突则被人为地夸大了。所谓"70后"、"80后"、"第三代"、"第六代"说到底属于无稽之谈。当然青年人有属于自己的特殊问题。这问题无非是在社会生活以及所从事的专业中立足、扎根，谋取一席之地。个人奋斗和自我实现是当代青年比较恰当的自我描述，而所谓一代人的崛起或困境多多少少像一个借口。

我坚持认为，当今的青年是天生的个人主义者，或者说，个人主义与其生理能量和社会处境相呼应，表现得尤为彻底和赤裸。依仗身体和智商方面的优势，青年人容易产生无所不能的幻觉，并引发相应的贪婪，同时权力的匮乏亦提供了强大的压力或动力。婚恋、组建家庭就不说了，学业、事业、阶级地位的晋升既是社会生活的要求，也是青年人自诩的价值目标。时不我待，过了这一村就没有那一店，趁着年轻必须进入轨道，校正方向并初具规模。否则人老力衰、格局一旦形成就后悔莫及了。因此，青年人的个人主义往往带有强烈的急功近利和冷酷无情的色彩，甚至不惜同类相残。也难怪，他们真正的对手正是同龄人，而非其他人。

权力与责任的中年

按照联合国教科文组织的划分，四十五岁以前都是青年。四十五岁一过便是中年了，中年时期一直延续到六十岁以后。人生的中年所获取的社会权力最大，掌握的社会能量也最可观，说中年人是各行各业的国家栋梁也不为过。因此，他们必须为社会生活的各个方面负责。作为一个集体，中年人无抱怨的理由。如果说，我们的社会是美好和谐的，应该归功于中年人，如果说它丑陋腐败，中年人也难辞其咎。中年人不仅有责任，而且这责任无法推卸。老人可以斥责败家子，感叹今不如昔，年轻人亦可以怨恨他们的长辈，交付给自己一份不堪的遗产。唯独中年人无迁怒于人的可能，或者说他们的迁怒、推诿乃是一种懦夫行为。中年人必须勇于承担，行使权力，脚踏实地地改造和维护社会。因为，只有他们才有足够的能量那样做。社会生活的物质水平和精神风貌从根本上说仰仗中年人的作为。中年的思考和行动直接关系到过往的修正和未来的走向。

这是权利与义务的古老话题，是掌握能量的人必须肩负相应责任的老生常谈。不在其位不谋其政，但如果在其位呢？不谋其政就是失职。所以说，这也是一个职责问题。中年所处的社会地位、担任的职务、拥有的权力以及积攒的能量使他们成为必须负责的人。一味地追求权力，并使权力与其责任脱钩，是中年人的堕落。为权力而权力的权力欲是中年人的大患，中年人普遍的权力欲则是社会生活的大患。

中年人在生理上处于衰退期，但在社会权力的指标上却接近登峰造极，如此的错位难免使他们心力交瘁。道义上的责任不论，即使是在具体的家庭生活和职业生活中中年人的辛苦操劳也是趋于极限的。家庭生活中的上有老下有小，职业生活中的岗位与职责。如果你是公司领导，就得为手下的员工负责，如果你只是一名员工，也得勉力养家糊口。并且中年人有强烈的危机感。能够得到的已经得到，怎样维持，维持得尽量久一些，却是中年的挣扎或挑战。即使是那些无视责任只知沉溺权力所带来的享受的中年人也会觉得很累。声色犬马、无限风光、感官刺激，这一切也得消耗体力、心力，何况忧心忡忡生怕失去呢？中年的心身是超负荷的，为责任所累，为享受所累，怎样一个累字了得！

中年猝死问题已经被提上议事日程。有关的案例中，突然暴亡的不一定就是忠于职守鞠躬尽瘁的人，其中也有贪官、弄权者以及堕落之辈。对权力的追逐和履行责任在很多中年人那里已经混淆不清，权力借口于责任，而责任掩护了权力。也许中年的人生有其宿命，就是在权力和责任的双重重压下备受煎熬、拼死挣命。

关爱老人

关爱孩子并不难，它很符合我们的本能，因为孩子是社会的未来和希望。即使是野兽也会爱护自己的幼崽，并能做出牺牲，何况是人呢？对老人的关爱和尊重则不是这样，老人没有未来，也不代表未来。所以说这是困难的。对老人的关爱反映了一个社会的文明程度，也反映了该社会的人性程度。都说母爱是最伟大的，但我认为，与后辈对老人的爱相比它毕竟是次一等的。

中国传统社会有敬老的习惯。不，不是习惯，而是原则。君君臣臣，父父子子，整个社会结构就是按这套原则建立起来的。孝敬老人不仅是美德，更是服从社会权力的一种象征。在传统社会里，老人从原则上说是大权在握的。关爱老人不是一个情愿不情愿的问题，而是必须如此。不关爱，或者不孝敬老人就会被传统社会抛弃。对老人的关爱、孝敬也就是对社会权力的尊崇和屈服。

在今天，情形有了很大的变化，老人不再大权在握了。他们的社会地位明显地降低，更加屈从于生理衰老这一事实。老人变得纯粹了，也变得衰弱了。对老人的关爱在今天无疑变成了对弱者的关爱。这种爱如果有的话，也变得纯粹了。将老人当做强者来爱和将他们当做弱者来爱，是完全不同的。这也是中国式的孝敬老人和超越文化的对弱者的爱的区别所在。实际上，对弱者的爱才算得上真正纯洁的爱，然而它是困难的。

今天的老人从社会权力的竞争中被逐出，失去了光环，生理上的衰退、跟不上时代，并且去日无多，被死亡的阴影所笼罩，加之心有不甘、依赖性增强，的确已经成为令人生厌的存在。不用年轻人提醒，其实老人们都很自卑，尤其是身处下层的劳动者出身的老人，被遗弃、遭蔑视是他们必然的命运。怎样克服我们的本能反应，建立起个人或社会对老人的自觉关爱的确是一个很棘手的问题。

依靠亲情和养育之恩吗？现在流行的是“反攻倒算”。年轻人混得不好或有任何心理问题都会从他们的童年生活中寻找原因，最后矛头直指亲生父母。养育之恩就免谈了吧，说到有关的债务，一定是父母亏欠子女的。这是否是一个事实不论，但它首先是一种方兴未艾的文化。这文化可用三个字来命名，就是“恨父母”或者“怨父母”。哪怕你未能出生于一个富豪或官宦之家也得恨一恨，哪怕父母没有送你出国留学或者小时候没有让你去学弹钢琴也得恨一恨。

依靠传统的孝道美德吗？如前所述，当一种美德失去权力背景时便会沦为空谈，它可能成为极少数人的个人修养，但作为普遍的社会伦理要求则丧失了根据。

问题不是孝敬，而是关爱和尊重，在没有任何依凭的情况下对弱者的同情。关爱老人和关爱其他的弱势人群没有什么不同。对于我们的动物本能而言这的确是一个考验。好在爱并非本能，而是对本能的超越。

清风，清风

雨

我非常喜欢下雨，写过很多关于下雨的诗。每当下雨，我就有话想说，有诗想写。雨构成了一种情绪的转变，一种感动的背景，甚至是感动本身。我曾写过一篇题为《绝不感动》的短文，对人们滥用“感动”一词进行了质疑。在我看来，对于周遭的人事，“感动”的使用太廉价了，几乎成了一种粉饰。但对于雨之类的自然的恩赐，“感动”的形容则恰到好处。在这里，感动是纯的，也是非常物质的。对人和事的感动，和对自然之物的感动，在我看来是两回事，只是占用了同一个词。我比较偏向于后者。

下雨了，雨降落在地面上，或者落入屋檐下的一只破瓷盆里，发出滴答的声音，然后你听见了，非常清晰，非常纯粹，这就是我所说的感动，或者愿意在这里使用“感动”。我曾经以此解释我的诗歌写作，就是要捕捉这样的感动。是否做到了这一点？可以另当别论，但这的确是我追求的目标，或者是目标之一。

我至今没有孩子，但这并不妨碍我想象，如果我有孩子的话，我该怎样地教育他？自小背诵唐诗或者学习某种乐器肯定不在我的考虑之列。我会抱着他或者牵着他在这个我们共同置身的世界里四处走动，其中的一个画面就是：下雨了，我撑着伞，怀抱着我的孩子，雨噼啪噼啪地打在雨伞上。这时，我会对儿子或者女儿说："这是雨，是雨的声音，仔细地听听。"

无论是唐诗的音韵或是乐器的悠扬都是对自然之声的模仿，何不让他直接去倾听呢？把注意力转向这原初的事物，学会使用他那虽然幼稚但却被自然塑造了几十万年的耳朵。那无与伦比的耳朵和那些无与伦比的声音正相匹配，正是为此目的而存在于世的呀，可不能让这样的耳朵在我们的文明教育中关闭，或者半开半闭，听而不闻。

我喜欢下雨还有一个直接的原因，它起源于我的童年。一下雨就可以不去上学了。当时，我们家在农村的生产队里，离学校有一两里地，下雨之后道路十分泥泞，再加上当时的学习可有可无，所以一下雨就不用去了。下雨意味着放假休息，意味着休闲，心情顿时轻松下来。

如今虽然下雨天我还得工作，但那份轻松的心情必定会油然而生。就好像在雨天里工作不是被强迫的，出于自愿，干多干少都是赚了，白捡的。并且一下雨，你就和这个城市隔绝开来，外面大雨滂沱，你在家里苟且偷安，任何重要的、必要的、刻不容缓的事都可以借故搁置起来。虽说小雨使人忧郁，大雨令人兴奋畅快，但它们都具有一种清新的自由的底蕴，使你不再浮躁，也更加集中了。雨是向下落的，渗入土地，汇入江海，我们的心田也感应到了这份沉着和凝聚的力量。

每当雨季来临，黑猩猩都亢奋不已，又是掰树枝又是吼叫舞蹈。我们是人，不是黑猩猩，由于面子问题，对雨从天降的庆祝可免，但那古老的灵魂对雨的敏感却挥之不去。

清风，清风

生命的存在离不开空气，而空气的流动就产生了风。我们生活于空气中即是生活于风中，只不过，这风时大时小，大到形成天灾，小到我们浑然不觉。去头掐尾，我们取其风的一段，就是微风，或者比微风稍大，总之你能感觉到这是风，但又不会被吹得东倒西歪，飞离地面，也不会明显地觉得受到了搅扰。我们还得弄清这风的来源、质量，不要是电风扇吹出的人造风，也不要携带泥沙、灰尘以及各种不佳的气味。最好是在水边、雨后，夜幕降临或是拂晓。还得看季节，春秋皆可，夏天尤好，冬天绝对不行。主观感受则是，这风使我们的心身无比愉悦，而不是一种锻炼或折磨。哦，我说的就是清风，美其名曰清风。

条件颇多，但其实不难，只要你愿意，就可以时常领略到清风。更多的时候，你已身处清风之中，但浑然不觉，不是风太小，而是内心的纷乱嘈杂使你无法顾及其他。也可能是你穿得太多，保养过分，也许你还愿意待在室内，在烟雾和臭味相投的知己中讨生活。反正是，清风在时你不在，要么你也在那但心不在。但突然之间，你就感觉到了它，当真是事出偶然，全凭意外，那也不错。意外之喜远胜意料，偶然相遇感慨更多。

我也总是这样，从酒吧或聚会的场所撤出，来到外面，不免猛吸几口，一面叫道："外面真舒服呀！空气真新鲜呀！"如果这时空气的流速较快，就有清风，那就更不得了。和朋友们告别之后，一个人沿着一条灯光明亮的直路向前走去，不禁觉得轻盈无限，几乎没有了重量。就这么被吹动着远去，感到自己就像是一团灰。清风已吹透了我的灵魂！

所以呀，我爱清风。但谁又能不爱呢？即使是罪大恶极之人也会感谢他周身的皮肤，感谢他尚能呼吸。即使是一个虚无主义者，在他坚守的虚无之中也不能排除清风那无中生有的启迪。清风的抚摩，清风教育，清风的意义……即使是猫啊狗啊，即使是一棵梧桐树，也会被清风所鼓舞，就算它们说不出来。垂死者留恋清风，因而不愿咽气。自杀者脚步迟缓，要等这一阵好风吹过。圣人餐风饮露，不亦乐乎。穷苦人喝惯了西北风，这清风不堪消受。孤独的人以清风为伴，愤怒的人在清风中平静……

古人说，上善若水，但比起清风来水无论如何更加的凝重。清风的柔和、无形无相以及不择贵贱总是更胜一筹的。中国人讲究气，清风便是天地之气，而且还是好气、怡人之气，不比北风、飓风或阴风。一如人体绵长的鼻息，而非哮喘、打鼾或者口吐恶气倒吸凉气之气。天人感应，所以我们才如此地热爱清风。不独中国人，西人也同样沐浴在清风之中。清风是自由无拘的最好象征，也是虚己利人抚慰人心的高尚形象。

愿我们与清风同在，不枉此生。

享受闪电

闪电适合远距离地观看。距离太近，吃不了兜着走，即便不被伤害，也吓得魂飞魄散。霹雳一声震天响。闪电的声势多半是雷造成的。说有人被雷劈死，很不准确，实际上是被闪电劈死的，雷代人受过。好在雷电不分家，有雷的地方必有闪电，有闪电的地方必有雷。电先雷后，如果它们一并而至，就说明距离我们很近了，近到了十分危险的程度。先有闪电，再听见远方滚滚的雷声，实在是一种享受。

享受的感觉出自安全，更出自想象的危险，远雷和远处的闪电就是如此。但远到了彼此分家，光有闪电不响雷，或者雷声隐约看不见闪电，那也没有多大的意思了。雷电的可怕还缘自以下情况，如果它造成伤害完全是随机的，就像掷骰子，买彩票中大奖，无法预知，就像是命运。所以被雷电击中仿佛是出于天意，这天意就是天无意，因此就更加的乖戾残忍了。

躲远一点，或者它们本来就远，雷电就成为了一种奇观，特别是闪电。小时候，我们家下放农村，那地方是平原，一望无际。下大暴雨的时候，躲在房子里，通过堂屋的门框看大地间的闪电，一道一道的，自上而下，枝枝杈杈的就像树干，也像玻璃上瞬间出现的裂痕。远处的天幕仿佛被撕裂了，随即又恢复了原状。再来。每一次的纹路都不一样，无法预料。它是那样的强烈、多变、迅疾，那样的美。但除了美又一无所用。你不禁会想，都忙活些什么呀，何必如此？美是无用的、短暂的，甚至是可怖的认识不禁印入了你的脑际。

一个朋友告诉我，他小的时候被大人抱在手上，一天傍晚从外面回家。当时一道闪电照亮了天空，同时他们也走进了家门。屋子里的灯是亮着的，所以在他的印象中那闪电一直没有熄灭。这是怎样的一种错觉经验呵，但愿我也拥有！

如今我们生活在大城市里，不再那么暴露在郊外荒野了。闪电对我们来说就是空中的一种闪光，发生在雷雨季节。由于高楼大厦的遮挡，由于灯光霓虹的竞争，很少有机会能够看见、看清它那实在的形象。在图片中，在电影中我们倒是屡见不鲜，仿佛那是多么难得的需要通过展示才能被大伙儿分享的玩意儿。室外电闪雷鸣，室内的电视上正上演闪电突袭。闪电战，闪电行动……我们知道闪电是一个好词儿，有力、迅速、锐利、不凡、英雄主义，可闪电的面目到底如何？现在的孩子却很少有缘一见。

一次我坐飞机，夜航，遇见了闪电，它们把舷窗外大团大团的白云从里面照亮了。天际辽阔，能看见星星，某一区域电光频闪，仿佛上演着星系的诞生，当真是壮观无比。并且这一切都是无声的，缓缓移动着的。没想到在万米高空之上，闪电是这么一副模样。如果你能安全抵达，回想起来那可真是一种无比的视角享受。安全抵达是肯定的，否则我也没有机会写这篇文章啊。

好的阴天

美好的阴天一定是干爽的，干净的，清洁如井台。潮湿肮脏的阴天则令人厌烦——小雨连绵，道路泥泞，某个地方生出霉斑绿毛，生出湿疹，思想也阴暗一片。阴天要让人甘之如饴必须是干燥的，洁净的，甚至也不能持续得时间过长。在这样的阴天里，光明尤在，只是不再那么强烈，如阳光猛烈照射下的山阴部分，如一片云影带来的凉意。有阵风吹过，力道恰到好处，感到空气的流动，但不扬起任何沙尘。这样的天气适合于拍摄电影，适合于驱车赶路，因为冷热的变化不那么极端，光影的消长趋于稳定。它对人心的作用也是显然的，狂热放纵与这样的天气不合，阴郁焦虑也没有客观根据。美好的阴天不走极端，持中道，冷静、开阔乃是题中应有之意。

在视觉空间上，好的阴天促成一种平均，平均分配光线、光明，使事物的阳面变暗，阴面则变得较亮，反差经过阴天的过滤，不再那么强烈刺激了。但此种平均并非是黑暗的平均，事物仍然是清晰可见的，甚至更加的清晰可见。眼睛和心灵不再被炫耀卖弄的事物所诱惑，也不再那么容易忽略谦逊乃至隐匿的事物。好的阴天里能看得更多、更本质，而不被浮光掠影表面的繁华所蒙骗。联系到文学写作，有人热衷于光明与黑暗互动所产生的强烈效果，有人热衷于阴郁忧伤的情状，我则喜欢美好的阴天一般的理智和清明。联系到人生，过热过冷或者过亮过暗都是需要警惕的，美好的阴天一般的状态我则孜孜以求。阴阳之道，你中有我，但我爱阴中之阳远胜过爱阳中之阴。

在持续的时间上，好的阴天则更加稳定。所以很多电影人都喜欢在阴天里工作，拍摄的时间可以相对延长。拍电影和种庄稼一样，对自然条件要求颇高。电影人对光线的敏感一如庄稼人对气候的敏感。可以说电影人是一伙追逐光线的家伙，而够朋友的阴天能使自然世界成为让他们任意摆布安排的巨大的摄影棚，带来的方便自不待言。以观察事物为己任的画家们也必定喜欢我所说的阴天，长时间的观察揣摩，对物沉思，而不为纷纭的光影变化所迷惑。对物的执著深究要求稳定性，要求排斥表面的烦琐紊乱……

当然，再好的阴天也不能拉得时间太长，最好是短期的。持续的没有尽头的阴天不免使人倍感压抑。持续的阴天必将堕落为坏的阴天，或者说不那么美好的阴天的一种就是没有尽头的愈加深重的阴天。在这样的阴天里，人们会得忧郁症，会自杀，也会养成某种阴暗郁结的个性。当然也有某些好处，那就是对阳光普照的格外敏感。比如四川盆地难得有晴天，所以有“川犬吠日”的说法。一旦出太阳，动物和人都会变得很兴奋。好的阴天是不极端的产物，如果持续下去，走向极端，就需要另一种极端来加以平衡了。

早晨印象

我睡得很沉，第二天起来很早，那时候我二十岁不到，气血方刚，浑身上下一点毛病都没有。匆匆吃罢早饭，我就走出门去了。早晨的阳光照耀在我的脸上，天气极其晴朗，水泥路面上有树木投下的灰淡的影子。我的脑袋里什么都不想。既踏实又轻盈，几乎都感觉不到身体的存在。那时我也处于生命的早晨，最多也只是“八九点钟的太阳”，与自然界的早晨不免合二为一。

早晨每天都有，但你对它的印象是和主观体验相关的。不是所有的早晨都让你觉得这是早晨，新鲜、年轻，充满活力和希望，一个斩断过去的开始。对早晨的体会往往是和生活的变迁联系在一起的。比如，我们家下放农村的时候，经历的第一个早晨就让我终生难忘。我们是夜晚到达的，吃完晚饭便去草房里睡觉。第二天早晨起来，推开木门，我的天哪，已经完全置身在一个崭新的世界里了。一切都是从未见过的，都那么的新鲜欲滴，村庄、树木、河流和田野，统一在早晨的晖光之中。雾气缭绕，霜冻晶莹，还有那空气，真是太不可思议了。这也是某种结合：生活新的开端，新的土地和天空，以及一天的开始。印象至深在所难免。

还有一次我去九寨沟，也是晚上进去的。耳听流水哗哗，呼吸着山野清新的空气，只是什么都看不见，视觉基本不起作用。第二天早晨起来去河边刷牙，抬头一看，觉得对面的山峦都是彩色的，美得一塌糊涂，震慑人心。早晨提供了新颖所需的一切能量，既是象征的，也是实际的，既是自然自发的作用，也是生命主观的感悟。夜晚我们睡去，魂魄离散，早晨醒来，却又获得了世界。每一个早晨都像是我们的新生，都像是我们出生的那个早晨。世界一次一次地在早晨生出自己，所以说太阳每天都是新的。

理应如此，但也不见得。大多数早晨我们浑然不觉，既无新生的欣喜，也无开始的振奋。失眠者的早晨十分可怕，看着窗户发白，世界喧闹起来，当别人满怀目的地各奔东西的时候，自己的神志却一片昏沉。懊悔、沮丧，心存怨恨。早晨的降临看上去就像是一个讽刺，无以解读，也无法对付。那些职业上班族的早晨也好不了多少，忙于赶路，在地铁或公交车的车厢里晃荡拥挤。无清风吹拂，无霞光照耀，机械地支配着自己的身体，就像是一些梦游症患者。在城市早起的人群中，恐怕最惬意的还是那些晨练的老人，他们有时间，也有心情主动地面对早晨。

早晨在今天竟然属于老人，这是我们未曾想到的。我们忙碌一生，错过了无数天赐的美好的早晨，只有到老了才有机会与它再次相逢、相处。这也不错。虽说太阳每天都是新的，但还有一句话，太阳照常升起。只要你愿意，它就在那儿，与早晨同在。日光之下并非无新事，特别在是早晨的日光下，新事很多，唯有新事。不信的话你养足精神，起个大早试试。

回忆黄昏

黄昏太美了，落日，晚霞，沉郁的大地。鸟儿归巢，工作一天后人们拖着沉重的步履回家。黄昏意味着休息、放松，意味着归来，和家人团聚。在黄昏中我们会忧伤，但这忧伤很难说是指向什么具体事物的。有一种和此时的天地一样辽阔丰富的情怀，忧伤变成了慈悲，黄昏变成了教育。

我认定黄昏的正宗在乡村，在我儿时生活过的地方。它每日在那里的平原上上演，农人们肩扛农具身心疲惫地走回村庄。西天上云霞满天，奇幻不已，但我看不清他们模糊的面容。只有小水坑闪闪发亮，等待已久的村庄里传出一片嘈杂……有时我独自一人待在临高的河堤上，眼望西方，直到那殷红的太阳只剩下半个，小半个，最后只余一抹。当它没顶的一瞬间，世界变成了青灰色，我周身一凉，嘈杂声也随即停止了。这是孤寂自在的好时光。最后真正的夜晚来临，波动悬浮着的内心沉落下去，终于稳定了。

黄昏之美无与伦比，它是活生生的过程。从西天金红的晚霞到浑圆的落日，到空寂无染的天空以及稠厚苍茫的大地，仿佛一切都在降落、收缩、凝聚，又于黑夜中消融，消融于广大的黑暗。自然界的一天结束了，也是一个工作日的结束。辛勤劳作的时间告一段落，这世上为生存而有的搏斗也暂时中止。无言的美景劝慰着人心：躺下吧，放平吧，欣赏吧，除了欣赏我们一无所用。这黄昏的教育从未止歇，这本伟大的奇书被一再翻阅。这美丽得过分的画卷，这画卷中我们卑微而现实的生命……

我爱黄昏，又怎么能不爱呢？不因为我是一个所谓的诗人。我早年曾写过这样的诗句：我有过寂寞的乡村生活 / 它形成了我性格中温柔的部分。这“乡村生活”中就有黄昏的照耀。写小说的时候我也特别偏爱晚霞夕照的描写，曾写到一对男女知青于傍晚时分在河堤上散步，西天上留下了他们的剪影。我的一本小说集就取名为《西天上》，后来虽被出版方否决，但我一直得意于这个书名。不说不知道，看来我对黄昏还真是情有独钟。

城市生活中，黄昏的感受减弱了。天光还很亮的时候街上就华灯齐放，遮蔽了黄昏特有的光线散射。加上高楼大厦的阻挡，西天的面积越来越小。我们从白天直接进入到人造的白昼，生活于不夜城中，黄昏作为昼夜之间的过渡变得多余。我不禁想起，为了使母鸡产蛋更多人们发明了用灯光照射的方法。我们就是那些通夜被灯光照耀着的母鸡，为了工作和效率，为了产蛋，甚至只是为了娱乐。这该是多么的悲惨呀！

黄昏每日降临，但你已难得一见。但即使是在城市中，关闭视觉，你仍然可以听见黄昏的声音。渐渐地，我养成了傍晚时分“午睡”的习惯。当我躺下时，闭上眼睛，就听见了那滚滚而来的黄昏之声：孩子们放学的尖叫，下班的车铃之声，街上的车轮滚动，上楼梯的声音，关开门的声音……所有的这些声音都裹在城市厚厚的尘埃里，既近在咫尺，又恍若隔世。在黄昏的听觉中映现出视觉，一个黄昏成为另一个黄昏的回忆。

都是星空惹的祸

星空无限美丽。除了美它一无所用。从实用性的观点看，星空可谓一无可取之处，我们能拿它做什么呢？既不能当饭吃，也不能当衣服穿，不能用它来换钱，也不能用于增寿。星空的资源无限，可至今我们也没有开发它的手段，我想，以后也不会有。尽管人们一直在谈论火星、月亮的物质富藏，但若要开发整个星空无异于蛇吞大象。从理论上说，如果没有星空，我们地球上的日子并无多少变化。但在情感的层面，没有星空的背景生活是不堪设想的，就像没有绿树，没有花朵，没有黄昏，是不堪设想的一样。星空的无用说明了它的不可或缺，并且因其无用所以才如此壮美。

薇依说：小于世界之物，无美可言。星空是宇宙的形象体现，是后者被我们的肉眼所触及的部分，所以说它是美，是大美，是美本身。还有什么比星空更能囊括和代表世界的呢？星空的无垠和无用使美成为神迹。

山川之美、黄昏之美相对而言是富于人性的，它使我们联想起地球上值得眷恋和珍惜的时光。而星空之美则更加超脱，有一种冷峻决绝的气质，释迦牟尼就是睹明星而悟道的。但即使是一个普通的人，也会被星空的壮丽深邃所震慑。小时候，躺在室外的竹床上眼望星空，四周的景物沉落下去，只有站着的外公的剪影映现在天幕上。他老人家张着嘴，我仿佛觉得那灿烂的星河随着外公的呼吸出自他年老的口腔。北岛曾写过“喧嚣的星星”这样的诗句。星星怎么可能喧嚣呢？为此评论家们争执不休,后来还发明了一个叫“通感”的词，用以说明。说起此事，一位当年的老知青愤愤不平，他对我说:“那时我们在农村,星星就是喧嚣的,一点都没错！”两年前，我搞到了一张讲述哈勃太空望远镜的影碟，那些由望远镜拍摄到的宇宙纵深的景象真是美得不可思议，太美了，是生活于地球一隅的人完全不可能想象出来的。这廉价而珍贵的影碟我买了好几张，分赠给一些朋友。

为何要如此之美？在哈勃望远镜发明之前，那些星辰、星系、星团和星云已经存在了亿万年了，说它们是为了愉悦我们的眼睛可有点自作多情。星空之美不仅无垠、无用，还无对象，真是极度的奢侈，极度的浪费，极度的深奥和难以理解。

宇宙的尺度之大，超乎了我们的想象。如果把星辰看成沙粒，即使把全世界海滩上的沙子都集中起来，太阳系也不过是其中一粒，更甭说我们的地球了。如此浩瀚辽阔的宇宙显示在我们的面前肯定不是为我们所用的，甚至它的美也与我等毫不相干。兀自发光，兀自美丽，到底是什么意思呢？

我总觉得艺术家是和美打交道的人，以模仿世界之美为己任。无论理解与否，在他的工作和作品中都要学习这无垠、无用、无对象。头顶这绮丽星空，无垠的意思就是甘于渺小，就是虚己。无用的意思就是远离功利，不求效果。无对象的意思就是舍弃闻达，以至于沉默。艰苦卓绝，都是星空惹的祸。

静夜之时

静夜就是安静的夜晚，一般是深夜，所谓夜深人静。那时候，甚至灯光都比平时亮了许多，就好像用电的人家少了，电力供应更加充足。如果你是醒着的，又非失眠，便能体会到众人皆睡我独醒的境界。这种醒更像是醒，乃是格外的清醒。看看桌椅板凳，看看家具摆设，就像是第一次看见它们似的，那么的轮廓分明，灯光下的阴影也很坚定。它们一动不动，如果你不过去挪动它们，就一直待在原地。真是静啊，此乃是静止的静。

再听窗外，白天的市声喧嚣平息了，但又绝非无声。一辆汽车驶过，从头至尾你听得清清楚楚。从出现，到经过窗下，再远去消失，其声十分独立，也很完整。你能听出这是一辆汽车发出的声音。其他在静夜里出现的声音亦然，和白天相比总是更加清晰。而声音过后，其静便深入了人心。此乃是静谧的静。

静夜里空气湿润，尘土不再那么飞扬了，至少由于夜色的关系，你看不见它们。由于气温下降，静夜里有一种特殊的凉，使你不再昏头涨脑，理智趋于清明。这是冷静的静吗？也许。反正适当的凉意对神志是大有益处的。从色调上说，夜晚也是偏冷的。星月之光不说了，即使是车灯霓虹、万家灯火经过夜色和距离的过滤也不再那么热烈了，何况黑暗如潮，有如胶片。

在静夜的背景之下，你可以体会出静中的动，暗中的亮，无声中的有声，阴冷中的温暖。但大的背景、衬里、依托仍然是那静、暗、无声和阴冷。也正因为如此，动更生动，亮更明亮，声音更清晰，温暖更难能可贵。且看我们如何享受。

倚靠在床头，盖着被子，而窗户大开，手捧一本或开心或明智的书，阅读的间歇侧耳倾听，或者举目四顾，也可以想想自个儿的心事。还有什么比这更令人愉悦和满足的呢？温热的身体上一股沉静之气缭绕。

静夜之静，最主要还是因为心静。白天已经结束，夜已非常深入，这是睡眠将息的时间，一切的努力、行动或做作都无可能，一切的遗憾、盼望和继续都留给了明天。这是一个间隙，无能为力也无所作为，你只能在这个空当里待着。因此一颗心也沉落下去，不再筹划、计算和严阵以待。审时度势，你认命了，成了以奋斗为主流的生活的一个旁观者。这么深的夜，不可能有人敲门，也不可能有电话进来，你也不太可能走出门去，去市区购物或办事。隔绝、孤独，一切都那么封闭，封闭到了美好的程度。

年轻的时候，我有一个体会，一天之中，晚饭前后是最难熬的。总是盼望有人找你，或者自己琢磨着去找什么人。希望有奇遇、艳遇，有意外发生，虽然明知道又是个无聊的夜晚。焦躁不安，非得出门不可。然后一通鬼混，于深夜时分回家，哎，奇迹发生了。虽说一无所获，但到此时已心静如水。

现在我是个中年人了，但静夜于我仍然是一剂良药，具有清热解毒、明目利胆之效。

灯光之美

人造之物中灯光最美，堪比星月。星月之光是冷光，而灯光偏暖，多了一分人间烟火气。看见灯光就会想到城市，就想要回家。乡村零星的灯光亦然，看见它总觉得有人在那里居住，那儿有一种正在进行的不免神秘的生活。坐在夜行的长途汽车上，面孔贴着冰凉的玻璃，窗外的黑暗中有灯光划过，敏感的人不禁惆怅。什么人生活在那里呢？又过着怎样的生活？错过了那灯光就像错过了生活，错过了生活本身。你很想让车停下并向它走去，至少思路是朝着灯光的方向的，琢磨着，想象着……

年轻的时候一次我去泰山，在山顶的旅社过夜。吃过晚饭一个人信步走向一个山头。山的另一面，黑压压的一片，山峦叠摞，似乎无止无休，让人觉得非常的压抑。突然我看见了一点灯光，在山影的怀抱中，那么的微弱和遥远，但的确是灯光无疑。我就在想，是什么样的人生活在这群山的阻隔中呢？又是怎样的一种贫穷而坚韧的生活？我的思路向着那里奔去，良久。后来我写了一首题为《山民》的诗，灵感就来自泰山的那个晚上，来自那点模糊的灯光。该诗说的是山民想象山外的世界，想象大海。可作为一个从未在山区居住过的人，我却想象了山民的生活。准确地说，是想象了那点灯光照耀的生活。

灯光总是引起我的想象。有时候，这想象并不是积极的。比如我这人畏水，最难以设想的死亡方式就是溺水而亡，比跳楼撞车更让我不能接受。乘江轮夜航的时候，我会久久地站在甲板上，打量着漆黑一片的江面。而这时灯光从舷窗那里溢出，只照亮了船体周围的一圈。那船仍在行进中。如果这时候我掉下江去，那满船的灯光就将离我远去了，任凭你怎么呼喊都无济于事，直到灯光变暗完全消失。的确如此，这灯光象征着人世，在我的想象中它就是人世。毫不理会地远去，就是人世抛弃了我，强制性地把我关闭在生活的门外了。

也有积极和享受的时刻。乘飞机夜航，看见下面城市的灯光，真是美不胜收呵！那灯光指出了人间的存在，它的繁华甚至壮美。灯光闪烁之处，宴会在进行，欢乐在继续。我这人平时不爱看歌剧，但俯瞰城市的夜景总觉得有歌剧在那里上演。我似乎看见了歌剧院的屋顶，辨认出灯光辉映的入口，真是奇了怪了！

灯光让人陶醉，也让人揪心，因为它毕竟是以无边的黑暗为背景的。无论这灯光有多么辉煌都是脆弱的，又因脆弱而如此美丽。美丽的灯光必须和黑暗在一起，和遥远在一起。过近或过亮的灯光不免失去了魅力。因此我要说，霓虹最美，烛光最美，其次是油灯、风灯、车灯……制服罪犯的高能灯和手术必需的无影灯则比较可怕，让人不寒而栗。

雪的广告

和所有的人一样，我喜欢下雪，每当窗外雪花飘舞我便十分高兴。我盼望，房顶白了，下面的街道白了，我盼望世界白成一片，不分彼此，并且积雪多日不化。外面冰天雪地，正好在家里围炉取暖，或者躺在被窝里看书睡觉。我也喜欢走出门去赏雪，要么扛着铁锹加入铲雪疏通道路的队伍。总之，和雪有关的一切我都喜欢，喜欢我这个纯洁柔软却有点儿冷酷的朋友。

对雪的感情和对雨的感情，在我这里有些不一样。一位诗人说过，一场雨是对另一场雨的回忆。他的意思是说，下雨的时候人未免惆怅，会想起另一次下雨时的光景。我很赞同他的说法，但这说法用在下雪就不那么贴切了。在我看来雪绝不是回忆，不会引起这方面的诸如怀念伤感的情绪。在我看来一场雪是对另一场雪的抹杀，今年的雪就是对去年的雪的抹杀。雪，太强烈了，每次都令人感到惊奇，因此它永远处于现在时，也就是所谓的“当下”。眼前的刺激还来不及接受呢，又哪里有时间回忆呵！

可以说，雪是永远的惊奇。哪怕你见过无数次下雪，再次见着仍然会像第一次看见那样的新鲜。有些事情别人描绘得天花乱坠，等你见到时不过尔尔，甚至失望。雪可不是这样的事物，无论人们怎么描绘形容，见到时依然会万分惊奇，超出想象。试想一个从来没有见过雪的人，突然见到，那该是怎样的一幅图景呵——请用他的眼睛看一看：整个世界都变了样子，银白一片，万物一统。降雪对地貌景观的改变比其他任何事物都来得更加直观和强烈。简直是翻天覆地，黑白颠倒，甚至一场战争造成的废墟都不能与之相比。其覆盖性和面积的广大可能只有海洋、沙漠、洪水可以等量齐观。而海洋、沙漠原先就在那里，如此规模的洪水也只是在远古传说中才有，可以忽略不计。唯有大雪来去自由，以彻底改变我们所见的地表面貌为己任。

自然，它改变的只是表层，但，美就位于这一表层之上。雪的美丽或雪造就的美丽我就不说了，那么的单纯，甚至单调，就像海洋一样，就像沙漠一样，乃是一种无垠之美。雪地的无垠震撼人心。除此之外，雪还有诸多富于人性的细节，例如雪花的自由飘舞以及它那像几何一样的结晶构造。人性，再人性一点，于是就有了雪地上的脚印、傲雪的红梅、雪中送炭、人人自扫门前雪以及雪人和雪仗。雪的诗情画意当在诗人的笔下和画家的渲染中，在此不赘。雪灾和因雪造成的人祸可翻阅历史记录或求教于社会学家，我也不勉为其难了。我想说的不过是，没有见过雪就死去实在是莫大的遗憾。

有报道说，有一个患白血病的孩子时日无多，他有一个要求，去北京天安门广场看一次升旗仪式。这是一个不错的主意。但我有同样不错的主意，就是鼓动他去北方看一看下雪或者辽阔的雪原。如果这是一个北方的孩子，那我就劝他去海边，看一看大海。如果他自小生长在海边，我就劝他去看沙漠。总而言之，雪就是这样的事物——和大海、沙漠一样，见过和没有见过是不一样的，对一个和死神有约的孩子来说更是如此。

图书在版编目（CIP）数据

幸福之道 / 韩东著. —重庆：重庆大学出版社，2011.6

ISBN 978-7-5624-6187-6

Ⅰ. ①幸… Ⅱ. ①韩… Ⅲ. ①随笔-作品集-中国-当代 Ⅳ. ①I267.1

中国版本图书馆CIP数据核字（2011）第110084号

幸福之道 xingfu zhi dao

韩东 著

责任编辑 高雅洁

装帧设计 陆智昌

重庆大学出版社出版发行

出版人 邓晓益

社址 （400030）重庆市沙坪坝正街174号重庆大学（A区）内

网址 http://www.cqup.com.cn

印刷 北京鹏润伟业印刷有限公司

开本：880×1240 1/32 印张：7.625 字数：175千

2011年8月第1版 2011年8月第1次印刷

ISBN 978-7-5624-6187-6 定价：29.80元